共享机器资源
调度模型与算法

智荣腾 ———— 著

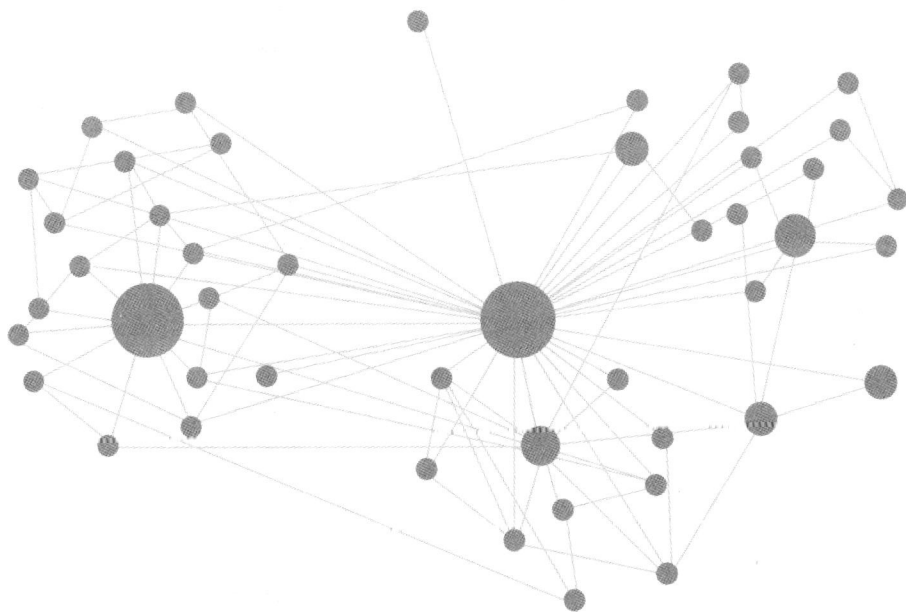

MODELS AND ALGORITHMS FOR
SHARED MACHINE
RESOURCE SCHEDULING

经济管理出版社
ECONOMY & MANAGEMENT PUBLISHING HOUSE

图书在版编目（CIP）数据

共享机器资源调度模型与算法 / 智荣腾著. -- 北京：
经济管理出版社，2025. -- ISBN 978-7-5243-0045-8

Ⅰ. F273

中国国家版本馆 CIP 数据核字第 20251MR122 号

组稿编辑：郭丽娟
责任编辑：范美琴
责任印制：张莉琼
责任校对：王淑卿

出版发行：经济管理出版社
　　　　　（北京市海淀区北蜂窝 8 号中雅大厦 A 座 11 层　100038）
网　　址：www.E-mp.com.cn
电　　话：(010) 51915602
印　　刷：唐山昊达印刷有限公司
经　　销：新华书店
开　　本：720mm×1000mm/16
印　　张：9.75
字　　数：170 千字
版　　次：2025 年 4 月第 1 版　　2025 年 4 月第 1 次印刷
书　　号：ISBN 978-7-5243-0045-8
定　　价：88.00 元

前　言

　　生产调度作为实际生产管理的重要环节，对企业的生产效率、成本、能耗和竞争力等有着重要的影响。传统的机器调度问题通常假定制造商只考虑工件在企业自有机器上的调度方案。然而，在共享制造新业态下，当企业产能不足时，为了提高生产效率和顾客满意度，企业通常会租赁共享平台上的闲置机器。因此，研究共享机器优化调度问题，制定合理高效的机器共享和调度方案有着重要的现实意义和理论指导价值。

　　本书重点针对考虑共享机器的共享收益、固定租赁成本、单位可变租赁成本、共享服务成本、单位可变租赁成本折扣的同型机离线和在线调度优化等问题开展深入研究，并且采用整数规划、精确算法、启发式算法、近似算法等方法研究了共享同型机离线调度问题，采用竞争策略理论和最坏情况分析方法研究了共享同型机在线调度问题，分析了所设计算法的性能。本书的主要内容如下：

　　（1）构建考虑共享收益和资金时间价值的同型机离线调度模型。产能不足的制造商可以通过收益共享的方式获得企业外部共享机器的使用权，在此背景下，本书研究了一个考虑共享收益和资金时间价值，且工件具有交货期限和截止日期时间窗的同型机离线调度问题，优化目标是最大化总完工收益终值。为解决该问题，本书建立了数学规划模型，设计了启发式算法和遗传算法，并通过随机数值实验验证了所提算法在计算精度和计算效率方面表现良好。

　　（2）构建考虑机器租赁成本和共享服务成本的同型机离线调度模型。在共享机器租赁实践中，拥有一定数量同型机的制造商在租赁共享机器时会产生固定租赁成本、单位可变租赁成本以及与机器、工件相关的共享服务成本，本书以最小化最大完工时间与总共享成本之和为目标，构建了整数规划模型，给出了最优解的性质，设计了基于共享机器租赁数量的启发式算法，通过利用数值仿真实验，将所设计的启发式算法与遗传算法和最长加工时间优先规则进行对比，验证了所设计启发式算法在计算精度和效率方面的有效性。同时，实验结果表明，机器的租赁和调度结果受企业自身生产条件、待加工工件情况、企业生产目标以及机器租赁成本等多种因素影响。

（3）构建考虑机器租赁折扣的同型机离线调度模型。拥有一定数量同型机的制造商在租赁共享机器时会产生固定租赁成本、单位可变租赁成本，以及当一台机器的租赁时长达到租赁折扣时点时，企业在后续的加工过程中单位可变租赁成本将得到一定的优惠折扣。以最小化最大完工时间与机器总租赁成本之和为目标，本书建立了整数规划模型，并调用 CPLEX 精确求解。考虑到模型求解效率的不稳定性，进一步对工件加工时间相同和不等两种情形进行分析：对于第一种情形，在分析最优解特征的基础上，设计了精确算法；对于第二种情形，设计了问题下界，构建了近似比为 4/3 的近似算法。数值实验表明了两个算法在计算精度和效率方面的有效性。通过分析发现，确定共享机器租赁数量是较关键的一步，该值与机器租赁成本、折扣开始时点和折扣系数有关。

（4）构建考虑机器租赁成本的同型机在线调度模型。针对工件按照列表一个接一个到达的情形，本书探讨了拥有两台同型机的制造商以最小化工件总完工时间与机器总租赁成本之和为目标的在线列表调度问题。结合租赁共享机器的固定租赁成本与单位可变租赁成本因素，针对所有工件均为单位时间加工长度的情形，本书分析了问题离线最优调度方案特征，进而给出了竞争比的下界。设计了在线策略 TS，并证明当固定租赁成本等于 2 时该策略竞争比为 1.33，当固定租赁成本大于等于 3 时，其竞争比为 1.89。

（5）构建考虑机器租赁折扣的同型机在线调度模型。针对工件按照列表一个接一个到达的情形，结合共享机器的单位可变租赁成本及其折扣因素，以最小化最大完工时间与机器总租赁成本之和为目标，本书主要探讨了工件均为单位时间加工长度以及折扣系数等于 0.5 的情形，分析了离线问题最优调度特征，给出了最优解下界。对于单位可变租赁成本大于等于 2 的情形，证明了竞争比的下界为 1.093，提出了竞争比为 1.5 的在线租赁和调度算法 LS-RD；对于单位可变租赁成本大于等于 1 且小于 2 的情形，证明了在线平均分配 LIST 策略竞争比为 2。针对一般情形的折扣系数，讨论了最优解的下界以及求解思路，给出了不同情形下 LIST 策略和改进的 LS-RD 算法的竞争比。

笔者通过对我国共享制造的发展状况和生产调度模型的应用情况进行调研分析，探究了共享制造环境下企业生产调度新问题，针对所有信息事先全部已知和工件实时到达后信息才被决策者知晓两种情形，构建了共享机器资源离线调度和在线调度的模型与算法，所设计的模型和算法可以帮助制造业在快速决策机器的共享数量、工件的调度方案的同时，提高生产效率，降低生产成本。

在写作过程中，笔者参考了大量国内外生产调度研究专家的最新成果，在此谨向书中所引用相关成果的所有专家学者一并表示感谢，也特向这些热忱关心我国运筹优化、排序与调度的同志表示诚挚的谢意。同时，也感谢郭丽娟编辑以及经济管理出版社为本书的出版付出的辛勤工作。

本书是国家自然科学基金重点项目"分享经济环境下企业运营与资源配置理论研究"（No. 71832001）、国家自然科学基金面上项目"个性化定制下考虑多任务并行加工速率的双层平行机系统调度优化研究"（No. 71771048）、东华大学研究生创新基金项目"资源共享环境下企业生产调度策略研究"（No. CUSF-DH-D-2020088）等课题的部分研究成果。

鉴于笔者研究水平有限、协作经验不足，书中难免存在疏漏之处，恳请广大读者批评指正，同时笔者期待与组合最优化研究者和制造业生产调度决策人员一起，针对排序与调度研究的有关问题进行更深层次的交流探讨与合作研究，共同促进我国排序与调度方向的发展。

目　录

第一章　引言

共享制造是共享经济的创新模式在生产制造领域的新应用，是拉动制造业经济增长的新路径（Wang 等，2021）。当市场需求短期内急剧增加时，制造商在资源有限的情况下，很难依靠自身的制造资源满足市场需求。传统的调度（Scheduling）问题通常假定制造商只使用自有资源，而在共享制造环境下，产能不足的制造商为快速响应变化的市场环境，优化资源利用，提高竞争力、服务水平和顾客满意度，往往利用共享平台租借外部闲置资源。在此背景下，调度优化模型和算法将随着调度目标或约束条件的改变而改变，解决资源共享调度问题也更加复杂（Li 等，2018）。本书研究的就是此类考虑共享机器租赁的调度问题。本书的主要目的在于围绕实际生产中制造商租借共享机器的情形，系统地分析研究相关同型机（Identical Parallel Machines）调度问题。具体而言，针对考虑共享同型机租赁的离线和在线同型机调度问题，分别运用离线和在线理论，刻画构建模型，分析问题性质，提出相应调度算法，给制造商决策部门提供高效可执行的租赁和生产策略。

为了更加明确本书的研究目的和动机，本章将首先介绍本书的研究背景及意义，其次总结本书的主要创新性工作，最后简短概括本书的研究内容和框架。

第一节　共享机器调度研究的背景和意义

近年来，我国制造业从弱转强，且综合实力持续提升，其增加值从 2012 年的 16.98 万亿元增加到 2023 年的 33 万亿元，占全球比重从 22.5% 提高到约 30%（据工业和信息化部数据），我国持续保持世界第一制造大国地位。同时，我国制造业仍存在产业大而不强、资源利用效率低、产能过剩、创新能力弱、数字化程度低、高端供给和需求不匹配、产业结构不合理等问题。随着消费者个性化、定制化、小批量需求的不断提高，制造模式向柔性化、智能化、网络化、模块化快速转变，制造企业不得不抓住共享制造的发展趋势，进行碎片化供给。特别是2020年新冠疫情的发生，对国民经济产生较大影响，也进一步凸显线上线下融合发展、推进数字化转型和有效利用共享的重要性（向坤和杨庆育，2020）。共享经济依托5G、人工智能、工业互联网、物联网等新型基础设施悄然兴起，并呈现出蓬勃发展的态势，成为国家的重点发展对象，而制造业作为国民经济的支柱，是科技创新和共享经济的主战场，也是推进供给侧结构性改革的关键领域。

共享制造围绕生产制造全流程，依托信息技术和互联网平台，运用共享经济理念，将分散、闲置的研发、设计、生产、供应链等生产资源和能力集聚起来，弹性匹配、动态共享给需求方。与传统的外包和代工模式不同，共享制造的本质特征是利用智能制造技术搭建资源共享平台，在供需双方信息对称的情况下，通过精准的供需匹配和智能化生产调度，实现对设备、人员、技术等闲置资源的有效整合和最大化利用，实现企业的优势互补和互惠互利，具有集约、高效、灵活等特点（晏鹏宇等，2022；向坤和杨庆育，2020）。因此，发展共享制造能够优化资源配置，打破信息不对称，降低制造成本，扩大有效供给，提高制造服务能力和水平，提升我国制造业的整体供给质量与供给效率，实现供需双方的动态化均衡发展。

我国共享制造面临着良好的政策环境，"十四五"规划等政策文件明确指出要鼓励发展共享制造。2022年12月，由中共中央、国务院印发的《扩大内需战略规划纲要（2022-2035年）》强调打造共享生产新动力，鼓励企业开放平台资源，充分挖掘闲置存量资源应用潜力，鼓励制造业企业探索共享制造的商业模式和适用场景。2024年2月，由我国牵头研制的全球首个共享制造领域国际标准《共享经济 共享制造 概念与模式》正式立项；同月，《2023共享经济标准化发展报告》指出要加快推进共享经济与传统产业深度融合，推动共享经济高质量发展。发展共享制造，是顺应新一代信息技术与制造业融合发展趋势、培育壮大新动能的必然要求，其为集约化资源配置、高效利用闲置资源、消化过剩产能、解决产业结构失衡提供了有效途径，也为制造业高质量转型升级带来新的发展机遇（Liu等，2021）。

在此背景下，我国一些企业经过积极探索开展了卓有成效的实践。例如，"卡奥斯 COSMOPlat"已链接企业 90 万家，INDICS 平台已连接工业设备超 170 万台，淘工厂实现了上百万家工厂和贸易商的在线协同，此外，还有 Mould Lao 众创空间、树根互联、航天云网、海创汇、沈阳机床共享平台等。以大型制造业龙头企业为主搭建的共享制造平台功能不断丰富，在赋能中小企业数字化转型方面发挥了重要作用。中小制造企业在整个社会经济活动中占有相当重要的位置。第四次全国经济普查报告显示，我国中小微企业占全部企业的 99.8%，其中制造企业占比 17.9%。在共享制造模式下，供给方多为垂直行业内的大型制造企业，需求方则多为行业内中小型制造企业（蒋忠中等，2023）。如"海创汇"依托海尔全生态产业资源和开放的社会资源为中小企业提供生产设备、厂房和供应链等制造能力；"卡奥斯 COSMOPlat"面向家电行业内的中小企业提供全品类家电智能控制板生产所需的制造能力，并以计时、计件、计价值等方式收取共享费用；富士康"工业富联"向多家整车制造企业共享自动化精密设备。国家信息中心分享经济研究中心报告指出，从市场结构上看，生产能力领域共享经济市场规模位居第二，其占比较大，具有广阔的市场前景。从图 1-1 可以看出，六年来，生产能力共享经济交易额从 2017 年的 4170 亿元增加到 2022 年的 12548 亿元，成为推动制造业转型升级、实现高质量发展的关键突破口和重要推动力。

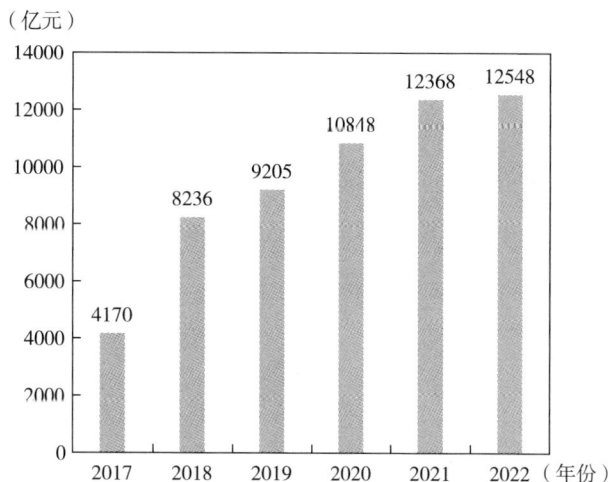

图 1-1 我国近六年生产能力领域共享经济市场交易额

资料来源：《中国共享经济发展报告》（2021~2023 年）。

然而，共享制造环境下的企业资源供需配置面临着诸多新的困难和挑战，包括以下八个方面：①共享工厂需要统一的信息接入体系、数字化生产设备、产品工艺标准和管理体系，技术和系统的整合需要大量的投入和协调工作；②共享制造要求企业能够快速响应市场变化，这对企业的灵活性和适应性提出了更高的要求；③将分散、多样化的制造资源进行高效匹配是一个挑战，如何高效地调度和优化这些资源，以满足不同企业需求，这需要精确的需求预测和资源分配机制；④不同企业的生产标准和管理水平参差不齐，如何在保证共享制造资源的质量和效率的同时控制成本是一个重要问题；⑤制造资源共享涉及多方合作，建立信任和有效的合作机制以及构建完善的监督体系是推动资源共享的关键；⑥共享制造需要供应链各环节之间的高度协同，这对供应链管理提出了新的要求；⑦如何确保共享制造平台上企业数据的安全性和保护企业隐私是一个重要挑战；⑧企业需要从传统的"拥有"观念转变为"共享"观念，这需要时间和文化的适应过程。

生产调度作为实际生产管理的重要环节，其核心任务是实现资源的合理配置和生产任务的优化排布，对企业的生产效率、成本和竞争力等有着重要的影响。调度又称为排序，始于 20 世纪 50 年代，是组合优化中较活跃的领域，其在给定条件下分配有限资源［机器（Machine）或处理机（Processor）等］到指定时间区间，以完成若干项任务（Task）或加工若干个工件（Job），使得一个或多个生产目标（如最小化成本、最小化完工时间、最大化利润等）达到或接近最优值（唐国春，2012）。调度是一个决策过程，其在给定的约束条件下，权衡企业生产资源与生产目标，在大多数制造和生产系统、计算机科学、公共事业管理、工程技术、物流运输等众多领域中起着重要作用，具有广阔的应用前景。企业的调度方案因企业的生产环境、产品特点和优化目标等的不同而不同，且需要根据市场需求的变化进行及时调整。合理的调度方案有助于优化资源配置，降低生产成本，提高生产效益，因此，对高效调度方法的研究和应用具有重要的理论价值和现实意义。

制造资源共享中，机器共享普遍存在于当前的制造企业，传统生产调度大多考虑企业内部机器的排序方案，而在制造资源共享环境下，当企业出现淡旺季失衡、需求突增、机器故障和紧急订单等情况，导致企业在自有机器资源有限的情况下，短期内无法满足生产需要时，可以通过资源共享平台（如阿里旗下的1688 淘工厂平台、航天二院基于云制造平台、海尔集团 HOPE 开放式创新平台、武汉优制网的工业协同制造 B2B 平台）租借外部闲置机器设备，通过开展线上以租代买、分时、计件或按价值付费等方式，低成本共享通用性强、购置成本高的优质机器设备，从而更好地应对需求波动问题，提高生产效率，降低制造成本，满足个性化需求，巩固客户关系，实现盈利目标。因此，如何盘活利用共享机器资源，制定合理的优化调度方案，以实现制造成本最小化、产品效用最大化和供需双方互利共赢，成为企业生产制造亟须解决的核心问题，也是十分有意义的一个研究课题。

共享制造在催生制造业运作模式变革的同时，也给生产运作管理理论和方法带来新的机遇与挑战（晏鹏宇等，2022）。我国共享制造发展仍处于起步期，共享制造的实践应用依然领先于理论研究。通过文献调查，发现很少有研究系统地考虑共享机器的共享收益、租赁成本或租赁折扣的同型机调度问题。现有研究对于制造企业在共享环境下的同型机优化调度策略和机器共享机制尚缺少深入、系统的探讨，制造企业也缺少机器共享和调度策略的有效指导。因此，在理论研究和实际应用两个层面均具有很大的发展空间。为了满足制造企业共享和生产管理的实际需求，新的模型和算法亟待补充完善。基于此，本书将从考虑共享机器的共享收益、租赁成本、租赁折扣的离线和在线调度优化方面展开研究，为相应的问题构建模型和算法，其宗旨是形成满足当前需求的、高效的共享和调度决策，以期为共享经济下制造企业实际生产调度决策提供理论参考。

第二节　共享机器调度研究的整体思路

为了便于读者阅读本书以及熟悉共享机器离线调度和在线调度研究的主要框架，本节主要介绍共享机器调度研究的整体思路和本书的内容安排。

一、研究思路

本书在描述共享制造环境下机器调度问题背景与研究意义的基础上，结合相关问题的基本理论知识和国内外研究成果，以同型机共享、调度方案决策为主要研究内容。综合运用运筹优化理论、离线调度理论、在线调度理论和竞争策略理论，针对共享环境下制造企业生产调度的科学问题，构建相关离线和在线调度优化模型。针对离线调度问题，分析问题的复杂度，设计对应的精确算法、近似算法、启发式算法、遗传算法等；针对在线调度问题，采用敌手分析法证明任意在线算法竞争比的下界，设计在线算法，利用最坏情形分析法和竞争分析方法分析算法的执行性能、证明在线策略竞争比。依托 Matlab 软件，结合运用数值实验仿真分析，对所建模型和算法进行仿真和实证，分析证明算法的有效性。最后，总结本书的主要工作，展望未来的研究方向。

本书各章节内容安排如下：

第一章，引言。从现实层面和理论层面论述本书的研究背景和意义，阐明本书的内容框架和创新点。

第二章，相关理论与研究综述。系统总结归纳与本书研究内容强相关的研究成果，包括制造资源共享问题、离线调度优化问题和在线调度优化问题的国内外研究现状，并介绍有关理论知识。

第三章，考虑共享收益和资金时间价值的同型机离线调度问题。企业租赁共享机器加工工件时需要与共享平台或企业分摊收益，即按价值计价的方式共享收益，考虑工件的交货期限与截止日期时间窗，以及资金时间价值因素，以总收益终值最大化为目标，构建整数规划模型，设计启发式算法、局部搜索算法和遗传算法，并通过数值实验验证算法的有效性。

第四章，考虑机器租赁成本和共享服务成本的同型机离线调度问题。拥有有限台同型机的制造商可以租赁共享平台上的同型机，假设不考虑自有机器的沉没成本，租赁共享机器加工工件时，需要支付共享机器的固定租赁成本、每单位加工时间的可变租赁成本以及共享服务成本，因此，可以看作是以计件方式计算共享成本。优化目标是最小化最大完工时间与总共享成本之和。为求解该问题，首先，构建整数规划模型；其次，分析问题性质，并基于问题性质设计启发式算法；最后，通过数值实验验证所提算法的有效性。

第五章，考虑机器租赁折扣的同型机离线调度问题。首先给出问题的具体描述，与第四章相类似，本章也考虑了共享机器的固定租赁成本和单位可变租赁成本。此外，还考虑了单位可变租赁成本折扣，即当一台机器的租赁时长达到折扣点时，制造商在后续的加工过程中将得到一定的成本优惠，因此，可以看作是以计时方式计算共享成本。其次，针对最小化最大完工时间与总租赁成本之和的优化目标，构建了整数规划模型。对于工件加工长度相同的情形，设计给出一个精确算法；对于工件加工长度不等的情形，给出该问题的一个下界，并设计近似算法。最后，通过数值实验验证精确算法和近似算法的有效性。

第六章，考虑机器租赁成本的同型机在线调度问题。主要考察拥有两台同型机资源的制造商在共享制造环境下的实时加工调度决策。针对工件均为单位长度的情形，结合租赁机器的固定租赁成本与单位可变租赁成本因素，运用在线理论与竞争分析方法构建平行机调度 Over-list 在线模型，最小化目标是工件总完工时间与机器租赁总成本之和。分析问题离线最优方案，进而证明竞争比下界，同时，设计给出在线策略，并证明该策略的竞争比。

第七章，考虑机器租赁折扣的同型机在线调度问题。本章仍然假设工件具有单位处理时间，制造商通过共享平台租赁同型机加工一个接一个按列表到达的工件，并为加工工件支付每单位时间的可变成本，考虑的成本折扣方式以及目标函数与第五章相同。主要分析折扣系数为 0.5 的情形，给出离线最优调度目标值的下界，设计在线算法并证明其竞争比。对于折扣系数的一般情形，给出离线和在线解决方案的相关结果。

第八章，结论与展望。对本书的研究内容进行总结概括，并提出未来共享制造模式下机器调度有待进一步研究的问题。

全书研究思路主要包括问题提出和问题求解两大部分。问题提出部分主要通过对研究背景和研究意义的论述（第一章），阐明研究的必要性，以及对制造资源共享、离线和在线机器调度问题已有研究现状的归纳（第二章），引出本书研究问题与已有研究的不同之处。问题求解部分主要分为离线调度优化和在线调度优化两大部分。在离线调度优化部分，考虑共享收益和资金时间价值，以及工件的交货期限至截止日期时间窗，以最大化总收益终值为目标，设计有效的启发式算法和遗传算法（第三章）。制造商拥有有限台同型机，考虑共享同型机的固定租赁成本、单位可变租赁成本和与机器—工件有关的共享服务成本，以最小化最大完工时间与总共享成本之和为调度目标，设计有效的启发式算法（第四章）。结合共享实践中优惠折扣因素，考虑共享机器的固定租赁成本、单位可变租赁成本和单位可变租赁成本折扣，以最小化最大完工时间与总共享机器租赁成本之和为调度目标，设计针对工件加工长度不同情形的精确算法和近似算法（第五章）。在在线调度优化部分，对上述离线调度问题参数进行特殊化，即仅考虑所有工件均为单位加工长度时，工件按照列表一个接一个到达的情形。制造商拥有两台同型机时，考虑共享机器的固定租赁成本和单位可变租赁成本，以工件总完工时间与总共享机器租赁成本之和为调度目标，设计具有竞争性的在线算法（第六章）。制造商需要租赁共享同型机加工所有工件时，考虑共享机器的单位可变租赁成本及其折扣，以最小化最大完工时间与总共享机器租赁成本之和为调度目标，设计在线算法（第七章）。最后，对全书进行总结（第八章）。本书整体结构框架如图 1-2 所示。

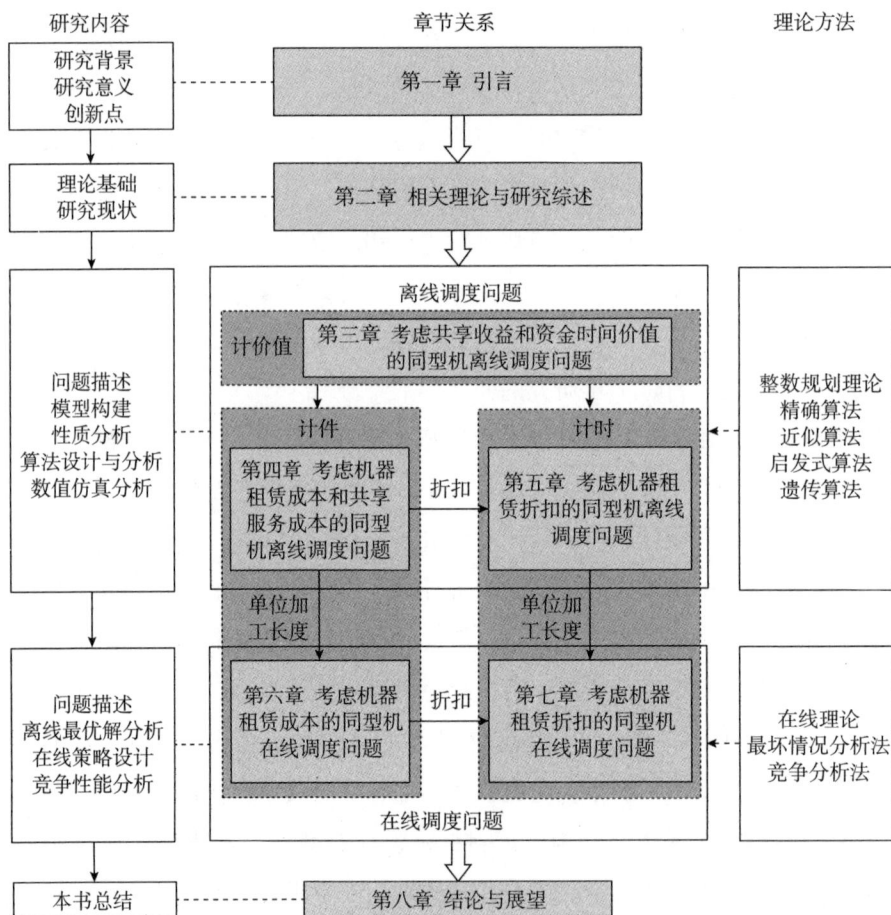

图 1-2　共享机器调度研究思路

二、本书的主要贡献

本书主要围绕共享制造环境下产能不足的制造商在租赁共享同型机时优化总收益或同时优化工件完工时间与机器租赁成本的离线调度问题和在线调度问题进行理论分析和算法设计，为共享制造模式下企业的共享与调度策略管理提供理论指导和借鉴。本书的主要创新点可归纳为以下五个方面：

（1）结合共享制造实践，聚焦共享收益和资金时间价值对生产调度的影响机制，构建同型机离线调度模型和算法。与经典调度问题相比，二者在总收益刻画上具有较大差异。根据问题性质，设计了有效的启发式算法和遗传算法，对已有考虑完工收益的调度优化模型研究形成有益的补充。

（2）区别于传统调度问题大多只考虑企业内部自有机器的调度策略以及以往相关研究中机器成本的构成因素，本书探究了综合考虑企业外部同型机固定租赁成本、单位可变租赁成本和共享服务成本的同型机离线调度问题，构建了整数规划模型，在剖析问题基本性质的基础上，提出了基于共享机器租赁数量的启发式算法，对已有考虑机器成本的调度优化模型研究形成有益的补充。

（3）通过引入成本折扣因素，研究了考虑机器固定租赁成本、单位可变租赁成本及其折扣的同型机离线调度问题。构建了整数规划模型，针对工件加工时间相同的情形，分析了问题基本性质，设计了精确算法，针对工件加工时间不等的情形，设计了最优解的下界，并构建了近似算法，拓展了共享资源配置和生产优化之间的权衡模型，为资源共享调度优化实践提供了有价值的参考。

（4）对于考虑共享机器固定租赁成本和单位可变租赁成本的在线列表调度问题，针对工件加工时间均为单位长度的情形，分析了离线最优解特征，运用在线理论工具刻画更加贴合实际的动态生产调度决策问题，构建了在线调度模型，给出了竞争比的下界，设计了在线策略并证明了其竞争性能。

（5）通过引入成本折扣因素，研究了考虑共享机器单位可变租赁成本及其折扣的同型机在线列表调度问题。针对工件加工时间均为单位长度的情形，分析了离线最优解特征，给出了最优解下界，并针对单位可变租赁成本的不同取值范围，分别分析了两个不同在线算法的竞争比，突破了传统考虑机器成本的在线调度决策的分析思路与研究范畴。

第二章　相关理论与研究综述

本书研究制造商在共享制造环境下可以租赁外部机器的同型机离线调度问题和在线调度问题，因此，本章将从制造资源共享、离线调度优化和在线调度优化三个方面分别概括总结相关理论基础，以及分析国内外相关研究现状，从而突出本书的共享同型机调度问题，并为后续研究工作奠定理论基础。

第一节　制造资源共享问题

本节主要整理与制造资源共享问题相关的基本概念，分析制造资源共享策略研究现状以及共享制造资源调度问题研究现状，从而界定本书的研究范畴。

一、相关概念定义

制造资源是指企业在产品设计、制造、装配、销售、管理等产品制造的全生命周期中所需要的资源，包括实体化资源（如制造设备、制造单元、产品线、工具、材料、软件等）以及解决问题的能力（如人力资源、制造信息、专业知识、流程数据等）（Tao 等，2014）。张霖等（2010）按照制造资源的存在形式和使用方式，将制造资源划分为硬制造资源（物料、制造设备、计算设备等）、软制造资源（专业知识、过程数据、电子软件等）和其他相关资源（服务培训、信息咨询、运输工具等）。Tao 等（2014）根据产品生产中和生产后两个阶段，将制造资源分为生产相关资源（如原材料、半成品、生产设备、软件、数据等）和产品相关资源（如产品在运输、销售、维护维修、回收、寿命终止过程中涉及的软、硬资源）。何家波等（2022）认为生产能力是基于有形和无形制造资源集成

— 10 —

发挥功效的一种能力资源，并将其定义为在一定生产计划时间内，企业参与生产的全部固定资产在现有技术条件下能够产出的产品总数量或能加工处理的原材料总数量。

Irani 和 Khator（1986）在 1986 年最早提出共享机器概念，认为制造系统的每个制造单元由专用于该单元的机器和其他单元共享的机器组成，并构成"蜂窝制造系统"。Brandt（1990）在 1990 年最早提出共享制造的概念，他指出大型企业之间开始共享机器、人员和技能等生产资源。Yu 等（2020）将共享制造定义为通过允许以点对点（P2P）方式提供和访问分层共享制造服务，从而支持个人之间共享消费的新一代制造业。Xu 等（2012）认为制造资源共享是指不同企业根据自身的资源能力，利用先进的信息通信技术，将闲置的制造资源共享到资源库中，从而满足其他企业使用制造资源的需求。Jiang 和 Li（2020）将共享制造视为社会化制造的一种实现形式，定义了三种共享工厂（共享生产订单、制造资源、制造能力）的相关概念。向坤和杨庆育（2020）认为共享制造是运用共享理念，在多个制造业主体的全生产流程上将生产资源模块化、智能化和弹性化地与需求进行弹性匹配。

根据上述相关概念可知，可共享的制造资源种类较多。与传统的制造模式相比，每种资源的共享能够在多大程度上改进企业的生产效率、效用等有待开展深入细致的研究。制造企业在应对随机波动或扰动的市场需求时，利用其他企业所分享的制造资源而不是自行购买生产设备是一个较好的选择方案（Becker 和 Stern，2016）。共享经济鼻祖 Robin Chase 认为，设备、机床和精密仪器等是未来共享经济的重要领域（马强，2016）。在目前的共享制造实践中，机器共享十分普遍，生产设备、专用工具、人员和生产线等制造资源共享通常采用分时租赁方式，如美国的 MFG. COM 和 Machinery Link、荷兰的 Floow2 和 3D Hubs、中国的鲁班世界和沈阳机床厂 i5 智能机床等。因此，本书主要研究机器资源的共享和调度决策问题。

二、制造资源共享策略设计

在共享制造环境下，企业如何盘活内外部资源与能力、优化设计有效的共享机制成为一项重要的研究课题，近年来也已经出现了大量研究成果。

对于共享制造问题，Liu 等（2017）针对波动的供给和需求提出了一个基于云制造的 Gale-Shapley 算法共享模型。Rožman 等（2021）提出了一个基于区块链的可扩展共享制造框架，通过采用跨链解决方案将区块链技术集成到共享制造概念中。李凯等（2022）对生产型设备的传统购买模式和产能共享服务模式建立了决策模型，给出了消费者最佳设备使用数量和制造商最优定价策略，并考虑了公益性云平台和商业性云平台的收费策略。

上述文献对共享制造的框架、模型和策略进行了研究，还有不少学者进一步细分，探讨了制造资源和制造能力的共享框架、模型和策略。

在制造资源共享方面，Wang 等（2021）提出了一个促进共享制造中资源分配的整合框架，建立了无缝监控共享制造资源的数字双驱动服务模型，为了保持资源提供者的决策自主性，采用增广拉格朗日协调法对构建的资源分配模型进行分析。Liu 等（2021）建立了考虑共享制造平台效益和消费者权益的制造资源优化配置双层规划模型。Du 等（2013）探讨了制造物资与设备企业分布式制造资源的分享服务，提出了订单导向的云服务库和基于订单的制造资源分享模型。Liu 等（2014）提出了一种新的多粒度资源虚拟化和共享策略，以弥补复杂制造任务和底层资源之间的差距。齐二石等（2017）探讨了云制造环境下企业制造资源共享的演化博弈分析，构建了考虑双方行为的制造资源共享的演化博弈模型，指出企业群体初始共享比例、升级设备成本、信息化改善收益和技术风险对博弈双方的策略演化结果具有显著影响。李辉等（2018）将碳价格和减排率引入制造企业资源共享模型，探讨了两个制造商进行产品转移的最优决策问题。

在制造能力共享方面，Argoneto 和 Renna（2016）采用分散化方法解决了独立工厂单元间的能力共享问题，提出了一个支持独立企业间能力共享的云制造能力共享框架（FCSCM），该框架能够分析出所给的能力分配策略是如何诱使所有企业如实报告其真实需求信息的。赵道致和杜其光（2017）通过构建制造商之间制造能力共享模型，发现制造商之间制造能力的共享只有在满足一定条件下才会存在纯策略纳什均衡解。吴琼和王长军（2022）考虑了产能提供方和需求方的自利性、异质性和不对等关系，采用 Nash 讨价还价理论设计了共享产能分配策略。谢磊等（2022）构建了由产能买方、产能卖方和第三方跟单服务商组成的产能共享供应链系统。

以上研究大多针对制造资源或制造能力给出了较宏观的共享制造模型或理论框架或其实施策略，本书主要探究一种制造资源（即加工速度相同的机器）的共享策略，具体是指企业外部同型机的租赁决策，并将其与生产调度相结合，给出较具体的机器租赁与调度方案。

三、共享资源调度问题研究

制造资源共享为调度领域中资源优化配置提供了新的思路，要实现资源的高效使用离不开共享策略和调度优化的合理设计。

围绕共享平行机调度问题，Andersson 和 Easwaran（2010）针对共享资源的任务提出了一种基于多处理器资源共享的全局最早截止日期优先在线调度算法，证明了算法的竞争比为 $12(1+3R/(4m))$，其中，R 是共享资源数量，m 是处理器数量。Wang 等（2016）针对制造业中具有共享和多模式资源的并行机调度问题，给出了整数规划模型和混合粒子群优化算法。Dereniowski 和 Kubiak（2017，2020）研究了共享多处理器调度问题，假定工件可中断，每个工件既可以在自有机器加工，也可以同时在共享机器上加工，从而导致加工时间重叠，目标是最大化总加权重叠。Ji 等（2022）提出了带机器加工集合限制的共享制造平行机调度模型，假设工件可以分配给特定的自有机器进行处理，也可以在战略联盟内部企业以一定成本进行加工，目标是极小化制造期与总共享成本之和，证明了该问题是 NP 难问题，并对此设计了一个全多项式近似方案。郑斐峰等（2023）研究了制造资源共享环境下考虑订单—机器类型匹配约束的平行机调度问题，假设机器具有固定租赁成本，每个订单可拆分成整数长度的多个子订单，且可被多台机器同时加工，目标是最小化总加工成本与总完工时间之和，并给出了目标值下界，设计了贪婪启发式算法和遗传算法。

还有不少学者对其他共享资源调度问题展开了研究。Archimede 等（2014）提供了一个共享资源调度的 DSCEP 框架（分布式、主管、客户、环境和生产者）用以识别具有干扰的共享资源解决方案。Niaki 等（2017）针对批量制造系统中批量规划与调度的问题，探讨了由平行共享资源供给的串并联机器连续流水线情形，构建了混合整数规划多目标优化模型。Li 等（2018）开发了一个多智能体系统用以解决分布式制造资源调度问题，该系统利用共享契约网络协议支持多代理子系统和企业联盟多代理系统，允许子系统代理之间的内部协商以及中介代理的外部共享，采用调度代理优化算法对作业进行独立调度。许荣斌等（2018）针对大量有截止期限的业务流程模型，提出了多有向无环图任务共享异构资源调度策略，给出了结合相对严格程度和宽松度的异质最早完成时间严格松弛算法HEFTS-L。胡盛强等（2018）根据产品工艺流程等划分了阿米巴组织，构建了各个阿米巴关于计划投产量及承诺交货期决策的期望利润函数，提出了基于惩罚机制的分散决策优化模型以及基于资源共享机制的集中决策优化模型。César de Prada 等（2019）研究了流程工业调度问题中的资源共享集成问题，提出了一种允许连续和离散过程与共享资源相协调的新方法，从而生成可行调度。Fu 等（2023）提出了一个共享经济下随机双目标两阶段开放式车间调度问题，该问题模拟了车辆维修过程，任务由多个拥有专业设备的第三方公司完成，目标是最小化总延误和加工成本，设计了一种遗传操作与离散事件系统相结合的混合多目标候鸟优化算法。赵道致和王忠帅（2019）构建了云制造平台加工能力共享调度模型，设计了改进二阶粒子群算法，提出了可共享加工能力时间窗的更新策略。于懿宁等（2020）研究了共享资源为多技能人力资源的分布式多项目调度问题，并对随机生成的不同参数组合下的算例开展实验研究。针对共享订单资源的调度问题，Tang 等（2023）假设制造商可以将订单共享给协同制造商，并协调他们之间的生产调度，提出一种基于学习机制和蚁群优化的启发式算法来解决订单合并计划下的调度问题。

共享制造已渗透到了调度领域，虽然近几年有一些关于共享制造资源调度的实践和学术讨论，但关于共享同型机离线和在线调度的理论研究仍然十分有限，对于产能不足的企业而言，如何根据共享同型机的租赁成本或优惠折扣，确定机器的租赁数量和工件的分配方案等问题，仍缺少理论依据。本书与上述有关同型机共享调度研究成果的不同之处主要在于考虑的共享机器成本构成不同，优化目标函数也不尽相同。

第二节 离线调度优化问题

调度分为确定性调度（Deterministic Scheduling）、随机调度（Stochastic Scheduling）、离线调度（Offline Scheduling）、在线调度（Online Scheduling）。前两类与后两类可以交叉衍生出离线确定、离线随机、在线确定、在线随机调度问题。本书仅探讨确定性调度问题，即约束条件和相关参数都是确定且已知的。因此，以下内容也都是对确定性调度的描述。首先，介绍相关概念和基本理论。其次，考虑共享机器租赁成本的离线调度问题与传统调度问题的主要区别在于机器成本构成和目标函数，而本书主要研究"时间+成本"形式的目标函数，因此，分别从考虑机器成本的离线调度问题和"时间+成本"形式目标函数的离线调度问题两个方面进行综述。

一、相关概念和基本理论

调度问题通常用三参数表示法 $\alpha \mid \beta \mid \gamma$（Graham 等，1979）描述，其中，$\alpha$ 域描述机器环境，如机器数量、机器加工速度等；β 域描述工件特征，规定加工约束和特定限制，如提交日期、中断、优先约束、故障等；γ 域描述最小化目标函数，如最大完工时间、最大延迟时间、加权完工时间等。本书同样采用三参数法表示相关调度问题。

本书涉及的主要常用记号具体描述如下：

1. α 域

Pm：m 台同速平行机（同型机），即 m 台机器加工速度都相同。当调度问题中机器数量是任意时，下标 m 不出现。

2. β 域

J_j：第 j 个工件；

p_j：工件 J_j 的加工时间（Processing Time）；

C_j：工件 J_j 的完工时间（Completion Time）；

$prmp$：工件在加工过程中可以中断。具体指决策者可以在任意时刻中断加工过程中的工件，并且稍后可以在原来的机器或其他机器上继续加工。

3. γ 域

$C_{\max} = \max_{1 \leqslant j \leqslant n}\{C_j\}$：时间表长，所有工件的最大完工时间（Makespan）；

$\sum C_j = \sum_{j=1}^{n} C_j$：所有工件完工时间和（Total Completion Time）。

在离线调度中，决策者在设计调度方案时已知所有工件的全部信息，如工件数量、加工时间、到达时间等。有关调度的其他基本概念（如机器、工件、平行机、最坏情况分析方法等）可参阅文献唐国春（2012）。求解离线调度问题的思路是：首先看该离线调度问题能否转化为已经解决的或已有较成熟解法的问题，若不能，则需要判断该调度问题是多项式可解问题（P 问题）还是 NP 难问题。若是前者则设计时间复杂性尽量小的多项式时间算法（Polynomial Time Algorithm）得到问题的最优解；若是后者则使用线性规划（Linear Programming）、非线性规划（Nonlinear Programming）、分支定界（Branch-and-bound）、动态规划（Dynamic Programming）等方法求解精确解，或设计能够得到较好可行解的近似算法（Approximation Algorithm）又或启发式算法（Heuristic Algorithm）（基于规则的启发式算法、遗传算法、禁忌搜索算法、蚁群算法、模拟退火算法等）。

本书第三、第四、第五章的研究问题属于离线调度问题，因此首先采用整数规划理论并调用 CPLEX 求解器进行精确求解，但对于大规模问题该方法的计算效率较低，因此针对不同问题的不同情形分别设计了多项式算法、近似算法、启发式算法、遗传算法。下面只重点介绍整数规划、多项式算法、近似算法、基于规则的启发式算法和遗传算法。

整数规划是指决策变量（全部或部分）为整数的（非）线性规划问题。如果所有决策变量均为整数，如机器数量、工人人数、车辆数等，则称为纯整数规划。如果决策变量只取 0 或 1，则称为 0-1 规划。如果仅部分决策变量为整数，则称为混合整数规划。

多项式算法的计算时间关于该问题规模是多项式的，即存在多项式 P，使得算法时间复杂度是 $O(P(n))$，其中，n 为问题的输入规模。

近似算法可以在多项式时间内找到问题的次优解。主要是对调度问题的某个启发式算法进行最坏情况分析，通过最坏实例评价算法复杂度以及和最优解的偏离程度。对于一个最小化单一目标的离线调度问题，若存在多项式时间算法 A，使得对该问题的任意实例 I，皆有 $A(I) \leqslant \lambda \cdot \text{OPT}(I)$ 成立，则称算法 A 是该问题的 λ-近似算法。其中，常数 $\lambda \geqslant 1$，$\text{OPT}(I)$ 是实例 I 的最优解值。类似的，对于一个最大化单一目标的离线调度问题，若存在多项式时间算法 A，使得对该问题的任意实例 I，皆有 $\text{OPT}(I) \leqslant \lambda \cdot A(I)$ 成立，则称算法 A 是该问题的 λ-近似算法。最小的实数 λ 被称为近似算法的最坏情况界（Worst-case Bound）或最坏情况性能比（Worst-case Performance Ratio）。

基于规则的启发式算法是从生产实践中总结出的一些优先级规则和启发式规则，可以在一定计算时间和空间内给出问题的一个可行解。常见的优先级规则包括：最短加工时间优先（Shortest Processing Time，SPT）、最长加工时间优先（Longest Processing Time，LPT）、先进先出（First In First Out）、最早工件交货期优先（Earliest Due-date）、加权最短加工时间优先（Weighted Shortest Processing Time）等。启发式规则是比优先级规则更深一层的经验法则，其可以缩短寻优过程。

遗传算法（Genetic Algorithm，GA）通过借鉴自然界进化规律来寻找问题的近优解。其从一个初始种群启动，主要优化手段是在下一代中选取适应性较高的个体、个体之间相互交叉、个体随机变异，保证个体向好的方向进化，直到终止准则被满足。选择最后一代中表现最好的个体作为问题的解决方案。

二、考虑机器成本的离线调度问题

对于机器加工速度相同的同型机调度问题，Ruiz-Torres 等（2010）假设机器成本由固定成本和单位可变成本组成，并且机器成本为凹函数，推导了机器使用数量和完工时间最优方案的一般特性。Rustogi 和 Strusevich（2013）假定机器成本是机器使用数量的线性函数，考虑了机器数量的增加对机器最大完工时间或总完工时间的影响程度。Lee 等（2014）假定工件 j 在机器 i 上加工产生的成本为 c_{ij}，研究了两个双目标问题，提出了快速启发式方法，并给出了相应的最坏情形的性能界。李凯等认为，不同的机器具有不同的单位可变成本，考虑了在总预算成本约束下，最小化机器最大完工时间或机器总完工时间的问题（Li 等，2016）以及最小化最大延迟时间的问题（李凯等，2019a）。Ji 等（2022）假定

工件 j 可以在企业内部机器集合加工，也可以在联盟内其他企业共享机器 i 上以成本 w_{ij} 加工，目标是最小化制造期与共享成本之和，证明了问题的 NP 难性，给出了全多项式近似方案。郑斐峰等（2023）假定机器具有固定加工或租赁成本，研究了考虑可拆分订单和加工类型匹配的平行机调度问题，提出了贪婪算法和遗传算法。

对于机器加工速度不同且速度均为常数的同类机（Uniform Machines）调度问题，李凯等研究了在给定成本预算约束下，当机器具有固定成本时，最小化最大完工时间问题（Li 等，2018）、最小化最大工件延迟时间问题（李凯等，2019b）；当机器具有固定成本和单位可变成本时，最小化总拖延问题（Li 等，2019）。Zeng 等（2018）研究了一类考虑电价随时间变化（可视为机器的单位变动成本是可变的）的双目标（最小化总电力成本和实际使用的机器数量）调度问题，设计了一种单目标调度问题的插入算法，基于该算法提出了一个迭代搜索框架。

对于机器加工速度不同且依赖于工件的无关机（Unrelated Machines）调度问题，Leung 等（2012）假定每个工件—机器组合会产生不同的成本，研究了几类双目标平行机调度问题，指出了文中所有问题的计算复杂性。M'Hallah 和 Al-Khamis（2015）考虑机器具有不同的单位可变成本，以最大化边际利润（准时工件的收益减机器使用成本）为目标，应用 Benders 分解来获得紧的上下界。Wang 和 Alidaee（2018）假定机器具有不同的固定成本，且工件 j 在机器 i 上加工产生的成本为 w_{ji}，以最小化机器总成本为目标，证明了该问题是 NP 难问题，提出了一种具有多样化生成组件的高效禁忌搜索算法。Nguyen 和 Rothe（2021）考虑工件的加工成本与机器的类型有关，研究了具有总成本约束的完工时间平衡问题，开发了一个双准则近似方案。

以上文献大多着重优化制造商自有机器的使用成本，当考虑租赁机器时，由于租赁成本远大于自有机器的使用成本，且自有机器即使不安排生产也同样会产生折旧成本，在此情况下，自有机器使用成本的优化效果并不明显，因此，与郑斐峰等（2023）相类似，本书不计入自有机器既有的沉没成本，而着重优化完工时间和共享机器租赁成本。本书与上述文献的主要不同之处在于共享机器的成本构成。本书第一个离线调度问题考虑了共享机器的固定租赁成本、单位可变租赁成本和共享服务成本，而以上研究未综合考虑这三种成本因素。第二个离线调度问题除了考虑共享机器的固定租赁成本和单位可变租赁成本外，还考虑了租赁成本折扣因素，即当一台机器的租赁时长达到折扣点时，该机器加工折扣点之后的工件时，机器的单位可变租赁成本需乘以折扣系数，而以上文献未考虑该因素。

三、"时间+成本"形式目标函数的离线调度问题

与传统的机器调度问题相比，考虑生产成本的调度问题不仅要考虑传统的与时间相关的调度目标，还要考虑成本目标，本质上是双目标调度问题，因此常利用双目标调度方法或将目标函数转化为单目标来解决此类问题，一般分为如下四种模型（Shabtay 等，2013）：

P1：总成本 $F_1 \leq \bar{K}$ 限定，与时间有关的调度目标 F_2 最小化，记为（F_2 / F_1）；

P2：时间目标 $F_2 \leq \bar{E}$ 限定，总成本 F_1 最小化，记为（F_1 / F_2）；

P3：时间目标与总成本加权和最小化，记为 $\alpha F_1 + \beta F_2$，其中 α、β 为正常数，可转化为 $F_1 + F_2$；

P4：时间目标与总成本同时最小化之间的平衡（双目标调度），求解所有帕累托解，记为（F_1，F_2）。

本书仅研究 P3（即 $F_1 + F_2$）形式的目标函数，即将时间目标与总成本目标视为同等重要，数据的无量纲化处理通过时间相关参数和成本相关参数的单位进行调整，如时间将分钟转换成小时、天数转换成周数、成本单位千元转换成万元等，从而使时间和成本取值在同一数量级。下面主要综述"时间+成本"形式目标函数的离线调度问题。上文提到，Ji 等（2022）以最小化制造期与共享成本之和为目标研究了带机器加工集合限制的共享同型机调度问题；郑斐峰等（2023）以最小化机器总加工成本和订单总完工时间为目标研究了考虑可拆分订单和加工类型匹配的平行机调度问题；Leung 等（2012）以最小化总完工时间或最大完工时间与总机器成本为目标研究了无关机调度问题；Chen 等（2024）以最小化加权完工时间与总机器成本为目标研究了无关机调度问题，设计了分支定价算法。除了上述考虑机器成本的研究成果，还有考虑其他成本因素且目标形式是"时间+成本"的相关研究。例如，以最大完工时间与总成本（加工成本、提前交货

惩罚成本、延迟交货成惩罚成本）加权和最小化为目标，高更君和罗瑶（2019）分别用随机数和三角模糊数表示质量状况和加工时间不确定性，构造了不确定环境下再制造生产调度模糊模型且转换成确定的单目标非线性规划模型；以最小化最大完工时间、机器折旧成本与人工成本加权和最小化为目标，Fang 等（2021）研究了具有最大连续工作时间和最小休息时间约束的员工—平行机集成调度问题，提出了整数规划模型、两种不同的基于分解的精确算法和一种基于列表调度的启发式算法。

在机器调度与外包联合优化问题中，有较多研究考虑"时间+成本"形式的目标函数。该问题考虑工件既可以在制造商自有机器上加工，也可以外包给承包商加工并支付转包费用。制造商需要确定哪些工件自己加工、哪些工件外包，以及工件的加工顺序。Lee 和 Sung（2008a）考虑了工件允许外包的两个单机调度问题，目标是在满足外包预算的情况下，最小化工件最大延迟或总延误时间与总外包成本之和，证明了问题是 NP 难的，设计了相应的启发式算法和分支定界算法。在相同限制条件下，他们还研究了目标为最小化工件总完工时间与总外包成本之和的问题（Lee 和 Sung，2008b）。Choi 和 Chung（2011）以最小化自有机器的最大完工时间和外包成本之和为目标，研究了具有两台机器流水车间调度问题。随后，他们以最大限度地减少与最佳成本的偏差为目标，研究了总成本分别为最大完工时间与外包成本之和以及总完工时间与外包成本之和，工件加工时间不确定的单机调度问题（Choi 和 Chung，2016）。Park 和 Choi（2017）扩展了 Choi 和 Chung（2016）的研究，考虑了工件加工时间和外包成本不确定性，以及总成本为加权总完工时间与外包成本之和的单机调度问题。Wang 和 Cui（2021）也扩展了 Choi 和 Chung（2016）的研究，考虑了总成本为总完工时间与外包成本之和的同型机调度问题。以最小化总加权完工时间和总外包成本之和为目标，Mokhtari 等（2013）针对制造商内部机器是不相关平行机和多个具有单台机器分包商的联合调度问题，建立了整数规划模型和启发式算法。以最小化调度目标（最大完工时间或误工工件数量）与加工、外包成本之和为目标，陈荣军和唐国春研究了单机调度问题（陈荣军和唐国春，2017a）、同类机调度问题（陈荣军和唐国春，2017b）以及自由作业调度问题（陈荣军和唐国春，2017c）。以最小化总完工时间与总外包成本加权和为目标，刘乐研究了单机单转包商调度问题

（刘乐，2017）和最大时间偏离受限的单机重调度问题（刘乐，2019）。以最小化最大完工时间和外包及运输成本之和为目标，Ahmadizar 和 Amiri（2018）探讨了有两台机器的流水车间调度问题。以最小化自有机器的最大完工时间和外包成本之和为目标，Lu 等（2021）假设制造商有 1 台机器，分包商提供了四种不同折扣方案，证明了这些问题的复杂性，设计了有效的精确或近似算法。此外，他们还研究了不同填充率下和不同数量折扣下的外包调度问题，提出了一些优化算法、近似算法和近似方案（Lu 等，2020）。

在经典调度问题中，所有工件必须完成，但在实际生产中，通常会根据所拥有的资源和条件，综合考虑成本和收益，有选择地接受和拒绝工件。Bartal 等（2000）在此背景下定义了带拒绝的平行机调度问题，当工件被拒绝时会产生惩罚成本，以最小化最大完工时间与总工件拒绝惩罚成本之和为目标，对于同型机数量固定的情形，给出了全多项式近似方案；对于同型机数量任意的情形，给出了多项式近似方案和时间复杂度为 $O(n\log n)$、近似比为 $2-1/m$ 的近似算法。受 Bartal 等（2000）的启示，Engels 等（2003）以最小化加权完工时间与总工件拒绝惩罚成本之和为目标，研究了多个调度模型，给出了几种设计精确算法和近似算法的方法。与 Bartal 等（2000）的优化目标相同，Hoogeveen 等（2003）考虑了带拒绝的可中断平行机调度问题，证明当任意数量无关机是变量时，问题是 APX-困难的，设计了 1.58 近似算法，证明其他变体是弱 NP 难的，并提供了完全多项式时间近似算法。Zhang 等（2009）研究了带释放时间和拒绝的单机调度问题，证明了该问题是一般意义下的 NP 难问题，给出了一个 2 近似算法和完全多项式时间近似方案。Lu 等（2009）研究了带释放时间和拒绝的有界单机并行批调度问题，当工件具有相同的释放时间时，提出了多项式时间算法；当工件的释放时间为常数时，给出了一个伪多项式时间算法；对于一般问题，提供了一个 2 近似算法和多项式时间近似方案。Dai 和 Li（2020）分析了带拒绝的两台同型机向量调度问题，针对一般情形，提出了 3 近似算法和 2.54 近似算法，当维数固定时，设计了一个基于动态规划的完全多项式时间近似方案。Cheng 和 Sun（2009）研究了最小化最大完工时间、总加权完工时间和最大延迟/延误加总拒绝成本的带恶化和拒绝的多个单机调度问题，其中工件的处理时间是其开始时间的线性函数。Yin 等（2016）以最小化总完工时间和总拒绝成本之和为目标，设计了几种单机并行批调度的改进近似算法。

还有少量学者在研究分时电价下的生产调度问题时考虑了"时间+成本"形式的目标函数。例如，以最小化最大完工时间与电力成本之和为目标，Moon 等 (2013) 提出了一种混合遗传算法来解决具有相同到期日和插入空转时间的不相关平行机调度问题；Moon 和 Park（2014）采用约束规划和混合整数规划方法研究了柔性作业车间调度问题。Hadera 等分别以最小化净消耗成本、因负荷偏差而支付的惩罚成本和加权最大完工时间为目标（Hadera 等，2014）以及以最小化电费与产品交付提前期的加权和为目标（Hadera 等，2015）建立了不锈钢厂熔炼车间的生产调度模型。

借鉴上述研究，本书离线调度优化问题同时考虑顾客满意度目标（最大完工时间）和企业生产成本目标（总租赁成本），并认为两者同等重要。因此，优化目标函数为最小化最大完工时间与总租赁成本之和。本书离线调度问题与以上研究的不同之处在于：①考虑拒绝的调度问题只关心接受工件的生产方案，拒绝会导致资源利用率和客户满意度降低（Kurdi 等，2014），工件外包和共享机器租赁可有效解决该问题，但考虑外包的调度问题大多关注未外包工件在自有机器上的分配方案，较少考虑所有工件在具有同型机的制造商和分包商上的调度决策，本书离线调度问题考虑所有工件在自有和共享同型机上的分配方案。②拒绝成本与工件有关，即拒绝成本为 e_j，外包成本与工件有关，即外包成本为 o_j，或者与工件以及分包商有关，即外包成本为 o_{ij}，其中 j 为工件，i 为分包商，本书考虑的租赁成本与共享机器有关，即共享机器具有固定租赁成本和单位可变成本。③考虑外包成本折扣的生产调度问题假设外包总成本越大或外包工件数量越多则折扣越大。本书第二个离线调度问题考虑的成本折扣方式类似于占线优惠卡问题（丁黎黎和徐寅峰，2007；杨兴雨等，2012）中的固定折扣（假设决策者购买优惠卡后享受固定折扣），但带折扣的占线优惠卡问题需要决策折扣的开始时点，而本书假设折扣时点是固定的和已知的，一台机器的租期（加工时间长度）超过折扣时点时，超出部分的单位可变租赁成本将获得固定折扣。④考虑分时电价的生产调度问题假设不同时间点对应的电价不同，且不同电价之间没有联系，而本书考虑单位可变租赁成本折扣的生产调度问题，虽然机器存在两个不同的单位可变租赁成本，但两个成本是折扣系数倍的关系。

第三节　在线调度优化问题

应用在线策略研究租赁问题最早起源于 1992 年 Karp（1992）提出的"租雪橇"模型。结合实际租赁情况，许多学者在此基础上考虑了市场因素，如复利（陈晓丽等，2016；陈晓丽和徐维军，2016）、折旧（张卫国等，2013）、价格浮动（Feng 等，2018）、合同因素（徐维军等，2019；杨兴雨等，2014）和通货膨胀（徐维军等，2016）等。在线租赁（滑雪租赁）问题假设未来市场需求巨大，需要长期生产或使用，探究的是外部资源的购买与租赁策略。本书虽然考虑共享机器租赁策略，但主要是与短期生产调度相结合，不考虑是否以及何时购买机器，与滑雪租赁问题的区别较明显，因此下面只对相关在线调度问题进行文献综述。与离线调度问题类似，本节包括在线调度的相关概念和基本理论、考虑机器成本的在线调度问题、"时间+成本"形式目标函数的在线调度问题三方面内容。

一、在线调度的相关概念和基本理论

在在线调度中，工件的相关信息是逐步被知晓的，即决策者在做当前调度决策时并不清楚未来工件信息。在安排工件之前，决策者可能事先只掌握部分工件信息（如所有工件加工时间之和、工件最大加工时间等）或不知道任何工件信息，这两种情形的排序分别被称为半在线调度和（完全）在线调度。通常把半在线调度归入在线调度。按照工件释放方式的不同，可以把在线调度分为时间在线调度（Online Over-time Scheduling）和列表在线调度（Online Over-list Scheduling）。

时间在线调度：工件按照时间逐个到达，每个工件有一个到达时间或释放时间，一个工件的所有信息（如加工时间、交货期和权重等）在工件到达时才被决策者详知。在二参数表示法中习惯用"Online-time"或"Online, r_j"表示。

列表在线调度：工件事先已经被排列成一个序列，工件按照该序列逐个释放，工件到达时该工件的所有信息被决策者详知，未到达工件的信息是未知的，决策者必须立刻安排到达的工件在机器上加工，安排好到达的工件后，不能再更改决策，且下一个工件才会释放。在三参数表示法中习惯用"Online-list"表示。本书第四章和第五章讨论的是列表在线调度问题。

如果一个工件在未完成之前，决策者不知道该工件的加工时间，在任意时刻，决策者只知道哪些工件已经到达、哪些工件正在加工和已经被加工完成，则称为不可预测在线调度（Online Non-clairvoyant Scheduling）。在三参数表示法中习惯用"Online-time-nclv"或"Online-nclv，r_j"表示不可预测时间在线调度问题，用"Online-list-nclv"表示不可预测列表在线调度问题。

正因为在在线调度中决策者需要在不知道未来工件信息的情况下设计调度方案（在线算法），因此，大部分在线调度问题不存在最优调度方案。在线算法的性能通常用竞争比（Competitive Ratio）衡量。本书的第四、第五章主要采用了该方法。

对于最小化单目标函数的在线调度问题，在线算法 A 的竞争比 ρ_A 定义为：

$$\rho_A = \sup\{A(I)/\mathrm{OPT}(I)：I \text{ 是使 } \mathrm{OPT}(I) > 0 \text{ 的任意一个实例}\}$$

其中，$A(I)$ 是在线算法 A 关于实例 I 的目标函数值，$\mathrm{OPT}(I)$ 是离线情形下实例 I 的最优目标函数值。类似地，对于最大化单目标函数的在线调度问题，在线算法 A 的竞争比 ρ_A 定义为：

$$\rho_A = \sup\{\mathrm{OPT}(I)/A(I)：I \text{ 是使 } \mathrm{OPT}(I) > 0 \text{ 的任意一个实例}\}$$

ρ_A 衡量算法 A 得到的目标函数值与最优目标函数值的接近程度。$\rho_A \geqslant 1$，越接近于1，说明 A 的性能越好。竞争比不超过 ρ 的在线算法 A 也称为 ρ-竞争的（ρ-competitive）。上述定义是一个正面（Positive）结果，如果能够证明存在一个实例，其算法解与最优解之比等于竞争比，则意味着算法竞争比无法再改进，是一个负面（Negative）结果，此时称算法的界是紧的。

对于一个在线调度问题，通常首先要寻找问题的下界（Lower Bound）。为了得到某个在线调度问题的下界，通常需要用对手法找到一个特殊实例，使对于该实例任意在线算法得到的目标值与离线最优值之比尽可能的大。如果不存在在线算法的竞争比小于 ρ，则在线问题竞争比下界为 ρ。在线算法的竞争比越接近于下界，则在线算法的性能越好。如果一个在线算法的竞争比等于下界，则该在线算法是最好可能的（The Best Possible）或最优的（Optimal）。平行机在线调度相关文献综述可参阅林凌和谈之奕（2020）、刘晓东等（2012）的研究。

二、考虑机器成本的在线调度问题

传统的在线调度问题通常假设机器在加工工件时不产生成本。Imreh 和 Noga（1999）首次将机器成本的概念引入在线调度问题，他们假设初始时刻没有机器，当工件到达时决策者可选择购买新机器（Over-list 模型），或者在任意时刻购买新机器（Over-time 模型），目标函数是最小化最大完工时间与总的机器购买成本之和。对于 Over-list 模型，他们指出竞争比下界等于 4/3，设计了竞争比为 $(1+\sqrt{5})/2 \approx 1.618$ 的在线算法；对于 Over-time 模型，给出竞争比下界 $(\sqrt{33}-1)/4$，提出竞争比为 $(6+\sqrt{205})/12 \approx 1.693$ 的在线算法。随后，其他学者将 Over-list 模型的竞争比依次改进到 $(2\sqrt{6}+3)/5 \approx 1.5798$（Dósa 和 He，2004）和 $(2+\sqrt{7})/3 \approx 1.5486$（Dósa 和 Tan，2010），竞争比下界改进到 $\sqrt{2}$（Dósa 和 Tan，2010）。还有一些学者研究了该问题的变体，如抢占式调度（Jiang 和 He，2005）、半在线调度（Dósa 和 Imreh，2013）、考虑工件拒绝惩罚因素（Dósa 和 He，2006；Nagy-György 和 Imreh，2007）等。

上述研究假设每台机器的购买成本均为单位成本。相关学者在机器成本函数上进行扩展，研究了一般机器成本函数。以最小化机器最大完工时间与总的机器购买成本之和为目标，Imreh（2009）假设机器成本是任意的，且是非减函数，用 $c(m)$ 表示前 m 台机器的购买成本，则第 m 台机器的成本为 $c(m)-c(m-1)$，分别研究了平行机和同类机 Over-list 在线调度问题，给出了相应的在线算法。Akaria 和 Epstein（2020）针对上述问题设计了竞争比更小的在线算法。Jiang 等（2014）假定机器购买成本是凹函数，证明了工件不可中断和可中断两种情形的竞争比至少为 1.5，针对这两种情形分别设计了竞争比为 1.6403 和 1.5654 的在线算法。Mäcker 等（2018）假设工件由租赁的机器加工，机器有两种类型，租赁成本与机器类型有关，租期任意，机器在使用前有准备时间，研究了目标为在满足工件截止日期的同时最小化租赁成本的在线 Over-time 调度问题。Li 等（2019）假定机器有固定成本 a，工件加工成本 c_{ij} 有两种类型：$c_{ij}=a+c_j$ 和 $c_{ij}=a \cdot c_j$，探讨了目标函数为最小化最大机器成本和最大完工时间的双目标无界平行批调度在线 Over-time 问题。Ren 等（2020）假定机器有启动成本 C 和单位时间加工成本1，且同类机器具有相同的容量限制，目标是使机器处理间隔工件的总成本最小化，设计了相应的离线算法和在线算法。Csirik 等（2020）假定机器购买成本为固定常数，目标是最小化最大完工时间的平方与机器购买成本之和，给出了下界为4/3 和4/3-的竞争算法。

本书所研究的在线调度问题与上述文献的主要区别在于：①考虑机器购买成本的文献假设初始时刻没有机器，本书第六章采用了相同的假设，但第五章假设制造商有2 台自有机器；②成本构成不同，上述文献大多假设机器有固定（购买、租赁、启动）成本，即成本函数与机器数量有关，只有少数文献涉及了工件加工成本或机器单位加工成本，本书第五章考虑了共享机器的固定租赁成本和单位可变成本，第六章考虑了共享机器的单位可变成本和成本折扣，即成本函数不仅与共享机器的租赁数量有关，还与租赁机器的时长有关。

三、"时间+成本" 形式目标函数的在线调度问题

通过上述在线调度文献可知，已有研究涉及最小化最大完工时间与总机器购买成本之和以及最小化最大完工时间的平方与机器购买成本之和的目标函数。还有一些文献考虑了工件可拒绝且目标形式为"时间+成本"的在线调度问题。

以最小化最大完工时间与总工件拒绝惩罚成本之和为目标，Bartal 等（2000）首次提出了带拒绝的在线 Over-list 平行机调度问题，对于机器数量任意的情形，设计了竞争比为 $(\sqrt{5}+3)/2 \approx 2.618$ 的理论上最优的在线算法；对于两台机器的情形，设计了竞争比为 1.618 的在线算法，并分别给出了相对应的下界。Seiden（2001）在 Bartal 等（2000）的基础上，考虑了工件可抢占因素，对于机器数量任意的情形，给出竞争比为 $(\sqrt{10}+4)/3 \approx 2.387$ 的在线算法和竞争比下界 2.12457；对于在不知道拒绝惩罚时调度被接受工件的情形，给出竞争比下界 2.33。Lu 等（2011）研究了单机时间在线调度问题，对于任意到达时间的情形，设计了竞争比为 2 的理论上最优的在线算法；对于至多两个不同到达时间的情形，给出了竞争比为 $(\sqrt{5}+1)/2 \approx 1.618$ 的最好可能的在线算法。闵啸等（2018）研究了两台带服务等级的同型机调度问题，给出了一个竞争比为 11/6 的在线算法。Dai 和 Li（2020）研究了两台同型机向量调度问题，针对不同的情形

分别设计了近似算法、全多项式时间近似方案和在线算法。

以最小化总完工时间与总拒绝成本之和为目标，Epstein 等（2002）研究了单机且工件加工长度均为 1 的列表在线调度问题，给出了竞争比为 $(2+\sqrt{3})/2\approx1.86602$ 的在线算法，并证明了不存在竞争比小于 1.63784 的在线算法。Ma 和 Yuan（2013）研究了单机时间在线调度问题，给出了竞争比为 2 的最好可能的在线算法。Ma 和 Guo（2021）探讨了同型机时间在线调度问题，提供了一个竞争比为 2 的多项式时间在线算法，并证明界是紧的。Ma 等（2021）研究了半在线平行机调度问题，假设所有工件中最长加工时间与最短加工时间之比不大于 $\gamma(\gamma\geqslant1)$，设计了竞争比至多为 $1+(\sqrt{1+\gamma(\gamma-1)}-1)/\gamma$ 的确定性多项式时间半在线算法。以最小化总加权完工时间与总拒绝成本之和为目标，Ma 和 Yuan（2017）研究了单机 Over-time 实时调度问题，设计了竞争比为 2 的在线算法。

本书主要梳理了目标函数为"时间+成本"形式的工件可拒绝调度问题，其他考虑拒绝因素的调度问题可参阅 Slotnick（2011）和张玉忠（2020）的研究。

借鉴以上文献，本书第五章以最小化总完工时间与总租赁成本之和为目标，第六章以最小化最大完工时间与总租赁成本之和为目标进行研究。不同之处在于：①拒绝的工件无须进行调度安排，而本书的在线问题需对所有工件进行调度分配；②拒绝惩罚成本与工件有关，而本书的租赁成本与共享机器租赁数量和租赁时长有关，此外，第六章基于实际生产活动，考虑了成本折扣因素。

本章小结

本章主要从制造资源共享问题、离线调度优化问题和在线调度优化问题三个方面回顾了与本书相关的研究文献。虽然制造资源共享还未发展成熟，但实践中越来越多的企业将共享制造理念应用到产品生产中。通过上述文献梳理，发现现有相关研究仍存在一些不足之处：

（1）制造资源共享问题重点集中在共享制造、制造资源共享和制造能力共享的概念模型构建方面，围绕具体某种资源的具体共享策略的研究较少。此外，在资源共享与调度相结合的研究中，较少考虑同型机的共享与调度决策，尤其是带有共享收益和优惠折扣的离线和在线调度优化问题。

（2）离线调度优化问题多集中于考虑企业自有机器的加工成本，或自有机器的调度策略，抑或是考虑工件的拒绝成本，而在共享制造环境下，工件可以不被拒绝而使用租赁的共享机器进行加工，并需考虑共享机器的租赁成本和调度方案。

（3）考虑机器成本的在线调度优化问题大多假设初始时刻没有机器，使用的机器具有固定（购买、租赁、启动）成本，只有少数文献涉及工件加工成本或机器单位加工成本，但未考虑单位成本折扣因素，而考虑工件可拒绝的在线调度问题与考虑机器共享的在线调度问题相比，机器的调度范围以及成本构成具有一定差异。

本书考虑共享同型机资源，将机器共享策略与调度策略相结合，对不同离线和在线问题的数学规划模型和相应性质、方法、策略进行探索，助力共享制造在调度领域的应用与推广。

第三章 考虑共享收益和资金时间价值的同型机离线调度问题

在共享制造环境下，产能不足的企业通过租赁共享机器加工工件的现象较为普遍。但是已有的生产调度研究成果大多只考虑企业自有机器的调度方案，为了提高企业收益，制定合理高效的机器共享与调度方案是企业亟须解决的问题。因此，本章将共享收益引入同型机调度问题中。收益作为财务管理最重要的指标，其未来价值应受到考虑。资金时间价值（Time Value of Money，TVM）对企业的生产决策有着深远的影响。许多企业在生产决策时也考虑了 TVM 因素（Chen 等，2018）。因此，本章将资金时间价值刻画为调度优化模型中的重要因素。

本章的内容结构安排如下：首先，对研究问题进行描述并构建整数规划模型；其次，分析问题的性质；再次，设计启发式算法和遗传算法；最后，通过数值实验验证所提模型和算法的有效性。

第一节 问题描述

制造企业需要在给定时间区间 $[0, T']$ 内加工一组工件 $J = \{J_j | j = 1, 2, \cdots, n\}$，其中 T' 是所有工件的截止日期，n 为工件个数。制造企业拥有 m_1 台同型机，构成机器集合 $M_1 = \{1, 2, \cdots, m_1\}$；共享平台上有 m_2 台相同型号、相同加工速度的共享同型机可供该制造企业使用，构成机器集合 $M_2 = \{m_1 + 1, m_1 + 2, \cdots, m\}$，令 $m = m_1 + m_2$。假设自有机器在 0 时刻全部处于空闲状态，而共享机器可能在 0 时刻之后才能被使用。每台机器在同一时刻最多加工一个工件，每

个工件 j 都有一个非负加工时间 p_j、交货日期 d_j、截止日期 $\bar{d}_j(\bar{d}_j \leqslant T')$ 和收益 P_j。如果工件 j 在交货日期 d_j 之后完成加工，则会产生延迟惩罚成本 w_jT_j，其中 w_j 是每单位时间延迟惩罚成本，$T_j = \max\{C_j - d_j, 0\}$ 是工件的延迟时间，C_j 表示工件的完工时间。此外，工件要么被接收并在截止日期 $\bar{d}_j$ 之前完成，要么被拒绝且无法获得收益。

制造企业在工件完成时刻即可获得完工收益 $a_i(P_j - w_jT_j)$，其中 a_i 是完工收益共享系数。当 $i \in M_1$ 时，$a_i = 1$；当 $i \in M_2$ 时，$0 < a_i < 1$。即由于 M_1 中的机器属于企业自有资源，企业将从加工工件中获得全部收益，而使用 M_2 中的共享机器加工工件时，则需要与共享平台或共享机器的企业签订资源共享合同并按共享收益系数分配收益。当 $0 < a_i < 1$ 时，a_i 是由双方协议、行业标准、市场情况和共享政策等因素决定的，比如，制造企业是否提供原材料和工人。

此外，考虑工件完工收益的资金时间价值因素，即终值（The Future Value of a Job's Profit，FVP）。这里采用单利法进行计算，即在计算利息时，仅用最初本金来计算，而不计入先前计息周期中所累积增加的利息，计算公式为：$FVP_j = a_i(P_j - w_jT_j)(1 + r(T' - C_j))$，其中 r 是资金时间价值的利率。不同时间、不同国家和地区的利率不同，如 2013 年新台币的 $r = 2.775\%$（Gong 等，2017），2016 年人民币的 $r \in [0.01, 0.2]$（鄢章华和刘蕾，2018），2016 年美元的 $r = 0.2$（Alikar 等，2017）。

由于工件有截止日期约束，企业可能无法仅靠自有资源满足所有工件的要求。因此需要决定共享机器的使用数量、使用时间，以及工件在机器上的分配方案，以实现总完工收益终值 $TFVP = \sum_{j=1}^{n} FVP_j$ 最大化。使用三线式表示法可表示成 $P_m \mid \bar{d}_j \mid TFVP$。

第二节 模型构建

模型符号见表 3-1。

表3-1 数学模型的索引、参数和变量

符号	描述
索引	
i	机器索引 $(i=1, 2, \cdots, m)$
j, h	工件索引 $(j, h=1, 2, \cdots, n)$
t, q	时间索引 $(t, q=1, 2, \cdots, T')$
参数	
M	所有机器集合 $M=\{1, 2, \cdots, m\}$，自有机器集合 $M_1=\{1, 2, \cdots, m_1\}$，共享机器集合 $M_2=\{m_1+1, m_1+2, \cdots, m\}$
J	工件集合 $J=\{1, 2, \cdots, n\}$
T	时间集合 $T=\{1, 2, \cdots, T'\}$
a_i	机器 i 的共享收益系数，当 $1 \leqslant i \leqslant m_1$ 时，$a_i=1$；当 $m_1+1 \leqslant i \leqslant m$ 时，$0<a_i<1$
s_i	机器 i 的可开始使用时间，当 $1 \leqslant i \leqslant m_1$ 时，$s_i=0$；当 $m_1+1 \leqslant i \leqslant m$ 时，$s_i \geqslant 0$
P_j	工件 j 的收益
w_j	工件 j 的单位时间延迟惩罚成本
p_j	工件 j 的加工时间长度
d_j	工件 j 的交货日期
$\overline{d}_j$	工件 j 的截止日期
r	利率
R	足够大的正数
变量	
S_j	工件 j 的开始启动加工时间
T_j	工件 j 的延迟时间，$T_j=\max\{C_j-d_j, 0\}$
C_j	工件 j 的完工时间
x_{ij}	当工件 j 被分配到机器 i 上时，$x_{ij}=1$；否则，$x_{ij}=0$
y_{ijt}	当机器 i 在 $t+s_i$ 时刻开始启动加工工件 j 时，$y_{ijt}=1$；否则，$y_{ijt}=0$
F_{ij}	当工件 j 被分配到机器 i 上时，$F_{ij}=1$；否则，$F_{ij}=0$

目标函数表示如下：

$$TFVP = \sum_{i=1}^{m} \sum_{j=1}^{n} a_i x_{ij} (P_j - w_j T_j) \left[1 + r(T' - C_j) \right]$$

$$= \sum_{i=1}^{m} \sum_{j=1}^{n} a_i x_{ij} (P_j - w_j T_j) + \sum_{i=1}^{m} \sum_{j=1}^{n} a_i x_{ij} (P_j - w_j T_j) r(T' - C_j)$$

由于上式中存在 $x_{ij}T_j$ 和 $x_{ij}(P_j-w_jT_j)r(T'-C_j)$，因此是非线性规划模型，需要对其进行线性化处理。令 $F_{ij}=x_{ij}T_j$，则 F_{ij} 是由一个二进制变量乘以一个整数变量得到的，可以用下面的约束（3.2）和约束（3.4）对 F_{ij} 进行线性化处理。令 $A_{ijt}=[P_j-w_j(t+p_j+s_i-d_j-1)]r[T'-(t+p_j+s_i-1)]$，可以通过 $t+p_j+s_i-d_j-1$ 得到 T_j 的所有可能取值，通过 $t+p_j+s_i-1$ 得到 C_j 的所有可能取值，因为 A_{ijt} 与 t 有关，所以让 A_{ijt} 与 y_{ijt} 相乘从而线性化 $x_{ij}(P_j-w_jT_j)r(T'-C_j)$。最终将上述非线性规划模型转化成如下线性规划模型：

模型［P3-1］：线性规划模型

目标函数：

$$\max \ TFVP=f_1+f_2 \tag{3.1}$$

约束条件：

$$f_1 = \sum_{i=1}^{m} \sum_{j=1}^{n} a_i(x_{ij}P_j - w_jF_{ij}) \tag{3.2}$$

$$f_2 = \sum_{i=1}^{m} \sum_{j=1}^{n} \sum_{t=1}^{T'} a_iA_{ijt}y_{ijt} \tag{3.3}$$

$$F_{ij} \geq T_j - R(1-x_{ij}), \quad \forall i \in M; \ j \in J \tag{3.4}$$

$$\sum_{i=1}^{m} x_{ij} \leq 1, \quad \forall j \in J \tag{3.5}$$

$$C_j \leq S_j + p_j - 1, \quad \forall j \in J \tag{3.6}$$

$$C_j \leq R \sum_{i=1}^{m} x_{ij}, \quad \forall j \in J \tag{3.7}$$

$$C_j \geq S_j + p_j - 1 - R\left(1 - \sum_{i=1}^{m} x_{ij}\right), \quad \forall j \in J \tag{3.8}$$

$$C_j \leq \overline{d}_j, \quad \forall j \in J \tag{3.9}$$

$$T_j \geq C_j - d_j, \quad \forall j \in J \tag{3.10}$$

$$\sum_{j=1}^{n} y_{ijt} \leq 1, \quad \forall i \in M; \ t \in T \tag{3.11}$$

$$\sum_{i=1}^{m} \sum_{t=1}^{T'} y_{ijt} \leq 1, \quad \forall j \in J \tag{3.12}$$

$$\sum_{t=1}^{T'} y_{ijt} = x_{ij}, \quad \forall i \in M; \ j \in J \tag{3.13}$$

$$S_j \leqslant \sum_{i=1}^{m} \sum_{t=1}^{T'} y_{ijt} \times t + \sum_{i=1}^{m} x_{ij} s_i, \quad \forall j \in J \tag{3.14}$$

$$S_j \geqslant \left(\sum_{i=1}^{m} \sum_{t=1}^{T'} y_{ijt} \times t + \sum_{i=1}^{m} x_{ij} s_i \right) - R \left(1 - \sum_{i=1}^{m} x_{ij} \right), \quad \forall j \in J \tag{3.15}$$

$$y_{ijt} \times t - y_{ihq} \times q \geqslant p_h - R(2 - y_{ijt} - y_{ihq}), \quad \forall i \in M; \{j \neq h\} \in J; \{t > q\} \in T \tag{3.16}$$

$$x_{ij}, \ y_{ijt} \in \{0, 1\}, \quad \forall i \in M; j \in J; t \in T \tag{3.17}$$

$$T_j, \ S_j, \ C_j, \ F_{ij} \in \mathbb{N}^+, \ C_j \leqslant T', \quad \forall i \in M; j \in J; t \in T \tag{3.18}$$

上述线性数学规划模型中，约束（3.2）和约束（3.3）分别表示总完工收益终值的本金和利息；约束（3.4）定义了 F_{ij}，并给出了其线性化过程；约束（3.5）确保每个工件要么在其中一台机器上加工，要么被拒绝；约束（3.6）至约束（3.8）计算每个工件的完工时间；约束（3.9）确保每个工件的完工时间不超过其截止日期；约束（3.10）确定了每个工件的延迟时间；约束（3.11）确保每台机器在任意时刻最多加工一个工件；约束（3.12）表示每个工件要么被拒绝，要么在一台机器的某个时刻启动加工；约束（3.13）反映变量 y_{ijt} 和 x_{ij} 之间的关系；约束（3.14）和约束（3.15）表示工件的开始时间；约束（3.16）规定如果分配在机器 i 上工件 j 在工件 h 之后加工，则两个工件的开始时间差必须不小于工件 h 的加工时间；约束（3.17）和约束（3.18）描述了变量的取值范围。

第三节　机器共享和资金时间价值
对调度方案影响的例子

制造企业需要在 $T' = 26$ 周内加工 $n = 4$ 个工件，工件详细信息见表3-2。令利率 $r = 0.2\% ¥/¥/$周，自有机器 m_1 和 m_2 的开始启动时间为 0 时刻，共享机器 m_3 可以开始启动的时间为 1 时刻，三台机器的共享收益系数分别为 $a_1 = a_2 = 1$、$a_3 = 0.1$。

表 3-2　算例的工件参数

工件 j	收益 P_j （万元）	加工时间 p_j （周）	交货时间 d_j （周）	截止日期 $\bar{d_j}$ （周）	单位时间延期惩罚成本 w_j （万元）
1	2.5	4	5	5	0.05
2	3	2	4	5	0.05
3	12	3	4	6	0.1
4	20	4	6	7	0.3

　　图 3-1（a）给出了不考虑机器共享和资金时间价值的最优调度结果，在该最优调度中，工件 1 被拒绝加工，总完工收益 TP 为 35 万元。图 3-1（b）则是同时考虑了机器共享和资金时间价值因素后的最优调度结果，在该调度中，四个工件均被接收，且按照工件收益与加工时间之比递减的顺序被安排加工，对应的总完工收益终值 $TFVP = 12 \times [1 + 0.2\% \times (26-3)] + 20 \times [1 + 0.2\% \times (26-4)] + (3 - 0.05) \times [1 + 0.2\% \times (26-5)] + 2.5 \times 0.1 \times [1 + 0.2\% \times (26-4)] = 36.77$ 万元。从以上两个最优调度结果可以发现，虽然两个调度方案中自有机器分配的工件相同，但工件的加工顺序不同，特别是，在图 3-1（b）中，虽然工件 2 的完工时间大于其交货日期，但考虑的资金时间价值增量大于其延期惩罚成本。相比于图 3-1（a）所对应的情形，考虑资金时间价值因素的最优调度方案中，机器加工过程中不存在空闲的情况；考虑机器共享因素的最优调度方案中，工件加工数量会增加。

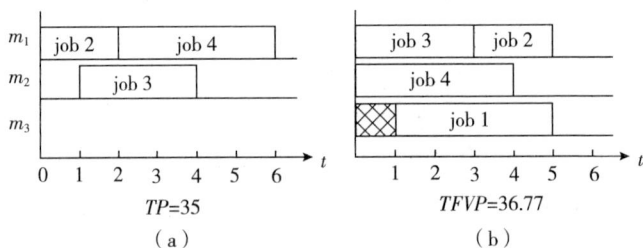

图 3-1　算例调度结果

第四节 问题性质分析

性质 3.1 问题 $P_m \mid \overline{d}_j \mid TFVP$ 是强 NP 难问题。

证明： 由于 $1 \parallel \sum w_j T_j$ 是强 NP 难问题（Lawler，1997），因此 $P_m \parallel \sum w_j T_j$ 是强 NP 难问题。当 $\overline{d}_j \rightarrow +\infty$，$r = 0$，$m_2 = 0$ 时，优化目标转化成最大化 $TFVP = \sum (P_j - w_j T_j)$，相当于最小化 $\sum w_j T_j$。因此 $P_m \mid \overline{d}_j \mid TFVP$ 是强 NP 难问题。证毕。

观察 3.1 对于问题 $1 \mid d_j = T' \mid TFVP$，最优调度中工件按 P_j / p_j 非增顺序排列。

证明： 反证法。假设最优调度 σ^* 没有按照 P_j / p_j 非增顺序排列工件，必定存在相邻的两个工件 j 和工件 k 均在该机器上加工，工件 k 在 j 之后，满足 $P_j / p_j < P_k / p_k$。工件 j 在 t 时刻开始加工，工件 j 和 k 对目标函数的贡献等于 $P_j [1 + r(T' - t - p_j)] + P_k [1 + r(T' - t - p_j - p_k)]$。互换工件 j 和 k 的顺序，得到新的调度 σ。很明显，目标中唯一的不同是由工件 j 和 k 引起的。在 σ 中，工件 j 和 k 对目标函数的贡献等于 $P_k [1 + r(T' - t - p_k)] + P_j [1 + r(T' - t - p_k - p_j)]$。容易证明，调度 σ^* 和 σ 的目标值之差为 $r(P_j p_k - P_k p_j) < 0$，这与 σ^* 是最优调度相矛盾。证毕。

观察 3.2 在最优调度中，任何被使用的机器必须从最早可使用时刻开始无空闲连续加工工件。

观察 3.3 存在一个最优调度，使得安排在任意一台自有机器上的工件数量小于等于 $n - m_1 + 1$。

修正的最早截止日期优先（Earliest Deadline First，EDF）规则可以作为 $P_m \mid \overline{d}_j \mid TFVP$ 问题的下界。过程描述为以下 4 个步骤：

步骤 1：在自有机器 M_1 上按 EDF 规则安排工件；

步骤 2：按工件加工的先后顺序检查 M_1 中每台机器上工件的完工时间是否大于其截止日期，若工件 h 的 $C_h > \overline{d}_h$，移除一个与工件 h 在同一台机器上且先于 h 加工的工件（包含工件 h）中 P_j / p_j 最小的那个工件，重复该步骤，直到所有被加工工件的完工时间均小于等于其截止日期；

步骤 3：所有在步骤 2 中被移除的工件按照 EDF 规则安排在共享机器 M_2 上；

步骤 4：按工件加工的先后顺序检查 M_2 中每台机器上工件的完工时间是否大于其截止日期，若工件 k 的 $C_k > \bar{d}_k$，拒绝一个与工件 k 在同一台机器上且先于 k 加工的工件（包含工件 k）中 P_j/p_j 最小的那个工件，重复该步骤，直到所有被加工工件的完工时间均小于等于其截止日期。

第五节　两种算法

由于 $P_m \,|\, \bar{d}_j \,|\, TFVP$ 是强 NP 难问题，因此下面给出了两种启发式算法用于在合理时间内解决大规模实例。

一、遗传算法 GA

遗传算法 GA 从个体（染色体）的初始种群开始，每个个体代表一个调度方案，可以反映出每台机器上工件的加工顺序。在每一代中，种群都要进行选择、交叉、变异和适应度评估的过程。表 3-3 给出了 GA 所用到的符号。GA 算法的流程图如图 3-2 所示。

表 3-3　遗传算法中的符号

符号	描述
gen	进化的代数
N_{pop}	初始种群规模
$maxgen$	如果迭代次数 gen 达到 $maxgen$，则满足终止条件
X	染色体被转换成 $m \times n$ 的矩阵 X
x_{ab}	矩阵 X 第 a 行第 b 列的元素
Y	从矩阵 X 中取出不同的元素形成数组 Y
J_u	分配给自有机器的工件集合
J_s	分配给共享机器的工件集合
E	被拒绝的工件集合

符号	描述
G	在位置 l 之前分配的工件集合
G'	与工件 j 在同一台机器上，且被分配在 j 之前工件的集合
C	所有工件完工时间集合
C^1	自有机器完工时间集合
C^2	共享机器完工时间集合
Q^1	满足 $(\max C^1 - \min C^1)/2 \geqslant p_j$ 和 $\overline{d}_j \geqslant \min C^1 + p_j$ 的所有工件的集合
Q^2	满足 $(\max C^2 - \min C^2)/2 \geqslant p_j$ 和 $\overline{d}_j \geqslant \min C^2 + p_j$ 的所有工件的集合
H	可以与工件 j 互换位置的所有工件集合。在 H 中的工件 h 需要满足以下两个条件的任意一个：（1）工件 j 和 h 在同一台机器上，即 j 和 h 在 X 的同一行，h 在 j 之前加工，$\overline{d}_h \geqslant C_j$；（2）工件 j 和 h 在不同的机器上，h 在 j 之前加工，$\overline{d}_h \geqslant C_j - p_j + p_h$
$\lvert H \rvert$	集合 H 元素个数
row	工件 j 在 X 中的行数
col	工件 j 在 X 中的列数

染色体表示。GA 的第一步是对问题的解（染色体）进行编码。在该问题中，一条染色体由 $2n$ 个整数（基因）组成，其中前 n 个数字表示工件序列，后 n 个数字表示机器分配情况。如果工件被拒绝，则假设被拒绝的工件分配给虚拟机器 $m+1$。图 3-3 给出了一个 $n=6$、$m=3$（$m_1=2$，$m_2=1$）的例子来说明一条染色体编码。染色体（2，3，5，1，4，6，2，1，3，1，1，4）表示工件 1、2、3、4、5 分别分配给机器 1、2、1、1、3，工件 6 被拒绝，机器 1 上工件的加工顺序为工件 3、1、4。

初始化种群。初始种群可以随机生成，也可以基于某些算法生成。在该问题中，我们提出了 IP（Initial Population）算法用于生成包含 N_{pop} 个染色体的初始种群。由于工件完工时间需要满足 $C_j \leqslant \overline{d}_j$，因此，提出一个修正算法（Feasibility Check and Correctness，FCC）以确保染色体是可行解。

```
          ┌──────────┐
          │   开始   │
          └────┬─────┘
               │
  ┌────────────────────────────────┐
  │ 令 gen=0，执行算法 IP 生成初始种群 │
  └────────────────┬───────────────┘
                   │
  ┌────────────────────────────────┐
  │    执行算法 FCC 1 和 FCC 2       │
  └────────────────┬───────────────┘
                   │
  ┌────────────────────────────────┐
  │         计算适应度值            │
  └────────────────┬───────────────┘
                   │
         ┌──────────────────┐
         │      选择        │
         └────────┬─────────┘
                  │
         ┌──────────────────┐
         │      交叉        │
         └────────┬─────────┘
                  │
         ┌──────────────────┐
         │   执行算法FCC 1   │
         └────────┬─────────┘
                  │
         ┌──────────────────┐
         │      变异        │
         └────────┬─────────┘
                  │
         ┌──────────────────┐
         │   执行算法FCC 1   │
         └────────┬─────────┘
                  │
         ┌──────────────────┐
         │    计算适应度值   │
         └────────┬─────────┘
              gen=gen+1
                  │
          ◇ gen=maxgen? ◇──── 否
                  │ 是
  ┌────────────────────────────────┐
  │     输出最优值和最优调度        │
  └────────────────┬───────────────┘
          ┌──────────┐
          │   结束   │
          └──────────┘
```

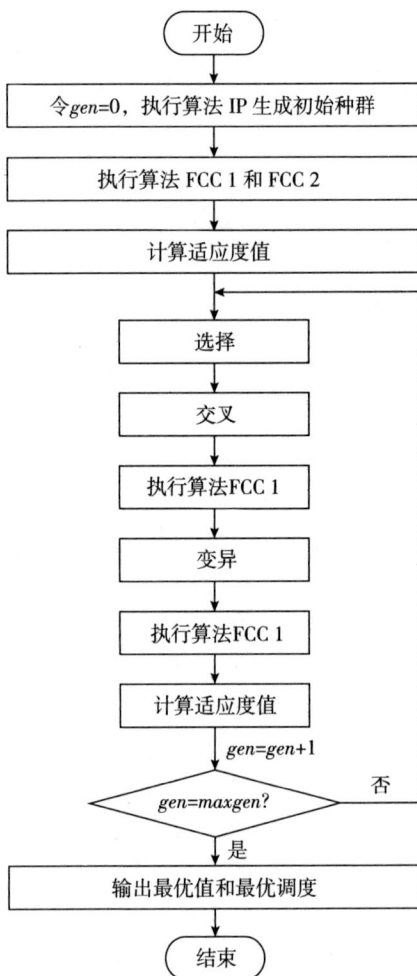

图 3-2 GA 算法过程

```
每台机器上工件的加工顺序
机器 1：3 → 1 → 4
机器 2：2
机器 3：5
```

染色体	2	3	5	1	4	6	2	1	3	1	1	4
	工件序列						机器分配					

图 3-3 染色体编码的例子

IP 算法：初始种群生成框架

输入：问题参数 n，P_j，p_j，w_j，d_j，$\overline{d_j}$，m_1，m_2，r，T'，s_i 和 N_{pop}

输出：N_{pop} 个染色体即其 $TFVP$ 值（即适应度值）

1：**for** $N = 1 : N_{pop}$ **do**

2：　　染色体的前 n 个数字是 n 个工件的随机排列，染色体的后 n 个数字是随机生成 1 至 m_1 之间的数，即将工件随机分配给自有机器。根据观察 3，如果一台自有机器上工件个数大于 $n-m_1+1$，则重复该步骤

3：　　计算 n 个工件的完工时间 C_j

4：　　**if** $\exists j \in J$ 满足 $C_j > \overline{d_j}$ **then**

5：　　　　执行算法 FCC 修正染色体

6：　　**end if**

7：　　计算适应度值 $TFVP$

8：**end for**

　　分别在初始化种群、染色体交叉、变异之后使用算法 FCC，可以确保每条染色体都是可行解。在使用算法 FCC 之前，需要将每条染色体转换成 $m \times n$ 的矩阵 X。矩阵 X 的第 i 行表示机器 i 上工件的加工序列，元素 x_{ab} 在矩阵 X 中的位置为 $l = a + (b-1)m$。以图 3-3 中的染色体为例，染色体转换结果为 $X = [3, 1, 4, 0, 0; 2, 0, 0, 0, 0; 5, 0, 0, 0, 0]$。在该例子中，被拒绝工件的集合 $E = \{6\}$，工件 4 在 X 中的位置为 7，其中 $a = 1$，$b = 3$。下面将算法 FCC 分成以下两部分：FCC 1 和 FCC 2。

　　算法 FCC 1 用于修正染色体。主要包括 4 个步骤：

　　步骤 1：给出被拒绝工件的集合 E（第 1~5 行）。

　　步骤 2：当 $C_j > \overline{d_j}$，且集合 H 中的工件 h 与工件 j 互换位置后将减少超时（即工件完工时间大于其截止日期）工件数量时，互换 j 和 h 的位置（第 11~23 行）。

　　步骤 3：当 $C_j > \overline{d_j}$ 时，将工件 j 依次插到机器 1，2，…，m 某个位置上，如果满足插入条件，则更改工件 j 的位置。如果 j 的位置没有改变，则转到步骤 4（第 24~49 行）。

　　步骤 4：拒绝工件 j（第 50~52 行）。

　　算法 FCC 2 用于优化染色体。主要包括 2 个步骤：

　　步骤 1：如果 $g \in G'$，$d_g \geqslant C_j$，$P_j/p_j \geqslant P_g/p_g$ 且 $p_g \geqslant p_j$，则互换工件 j 和 g 的

位置（第 1~11 行）。

步骤 2：调整部分工件的加工位置，以平衡自有机器的完工时间（第 12~15 行）和共享机器的完工时间（第 16~19 行）。

FCC 1 算法：染色体修正框架

输入：问题参数，X，C

输出：X，C，E

1： **if** $J-(Y\backslash\{0\})=\varnothing$ **then**

2：　$E=\varnothing$；

3： **else**

4：　$E=J-(Y\backslash\{0\})$；

5： **end if**

6： **for** $l=1$： $m\times n$ **do**

7：　j 是矩阵 X 在位置 l 上的工件；

8：　**if** $j\neq0$ **then**

9：　　令 $i=1$，G 是安排在位置 l 之前的所有工件的集合

10：　　**while** $C_j>\bar{d}_j$ **do**

11：　　　**while** $C_j>\bar{d}_j$ **do**

12：　　　　更新 H。令 $L=0$；

13：　　　　**if** $H\neq\varnothing$ **then**

14：　　　　　**for** $h=1$： $|H|$ **do**

15：　　　　　　**if** 交换工件 j 和 h 的位置不会增加 G 中超时工件数量 **then**

16：　　　　　　　交换工件 j 和 h 的位置。更新 X 和 C。$L=1$。**break**；

17：　　　　　　**end if**

18：　　　　　**end for**

19：　　　　**end if**

20：　　　　**if** $C_j>\bar{d}_j$ 且 $L=0$ **then**

21：　　　　　**break**

22：　　　　**end if**

23：　　　**end while**

24：　　　$L=0$；

25：　　　**if** $C_j>\bar{d}_j$ **then**

26：　　　　**while** $L=0$ **do**

FCC 1 算法：染色体修正框架
27：   **for** $k=1$：col **do**
28：   **if** $i \neq row$ **then**
29：   **if** 机器 i 上有工件 **then**
30：   令工件 $u=x_{i,k-1}$，$v=x_{i,k}$；
31：   **if** 将工件 j 安排在 u 和 v 之间不增加 G 中超时工件数量 **then**
32：   将工件 j 安排在 u 和 v 之间。更新 X 和 C。$i=i+1$。$L=1$。**break**；
33：   **end if**
34：   **if** 机器 i 的完工时间加 p_j 不大于 T' **then**
35：   将工件 j 安排在 i 的最后一个位置加工。更新 X 和 C。$i=i+1$。$L=1$。**break**；
36：   **end if**
37：   **else**
38：   将工件 j 安排在 i 的第一个位置加工。更新 X 和 C。$i=i+1$。$L=1$。**break**；
39：   **end if**
40：   **else**
41：   令工件 $u=x_{i,k-1}$，$v=x_{i,k}$；
42：   **if** 将工件 j 安排在 u 和 v 之间不增加 G 中超时工件数量 **then**
43：   将工件 j 安排在 u 和 v 之间。更新 X 和 C。$i=i+1$。$L=1$。**break**；
44：   **end if**
45：   **end if**
46：   **end for**
47：   **if** $L=0$ **then**
48： $i=i+1$；
49：   **end if**
50：   **if** $i=m+1$ 且 $C_j > \bar{d}_j$ **then**
51： $E=E \cup \{j\}$。$D_j=0$。更新 X 和 C。$L=1$；
52：   **end if**
53：   **end while**
54：   **end if**
55：   **end while**
56：   **end if**
57： **end for**

FCC 2 算法：染色体优化框架

输入：问题参数，X，C，E

输出：染色体

1： **for** $a = 1$：m **do**

2：   **for** $b = 1$：n **do**

3： $j = x_{ab}$；

4：   **while** $G' \neq \varnothing$ **do**

5：   **if** 工件 $g \in G'$，$d_g \geq C_j$，$P_j / p_j \geq P_g / p_g$，$p_g \geq p_j$ **then**

6：   交换 j 和 g 的位置。更新 X 和 C。**break**；

7：   **end if**

8： $G' = G' \setminus \{g\}$；

9：   **end while**

10：   **end for**

11： **end for**

12： 计算 C^1 和 Q^1；

13： **while** $Q^1 \neq \varnothing$ **do**

14：   将 Q^1 中的第一个工件移到自有机器中完工时间最小的机器的最后一个位置上。更新 X，C，C^1 和 Q^1；

15： **end while**

16： 计算 C^2 和 Q^2；

17： **while** $Q^2 \neq \varnothing$ **do**

18：   将 Q^2 中的第一个工件移到共享机器中完工时间最小的机器的最后一个位置上。更新 X，C，C^2 和 Q^2；

19： **end while**

20： 将矩阵 X 和向量 E 转换成染色体。

图 3-4 给出了算法 FCC 实施过程的例子。在该算例中，自有机器 m_1、m_2 和共享机器 m_3 的开始时间均为 0，即 $s_i = 0$，$i \in \{1, 2, 3\}$。工件 J 的数量为 10，工件的加工时间为 $p = (2, 5, 1, 2, 1, 1, 1, 4, 5, 4)$，收益为 $P = (1, 1, 10, 1, 1, 1, 1, 1, 1, 1)$，交货期限为 $d = (10, 5, 2, 3, 2, 4, 3, 6, 1, 8)$，截止日期为 $\bar{d} = (10, 6, 2, 3, 3, 5, 3, 6, 6, 10)$，单位时间惩罚成本为 $w_j = 0.1$，$j \in J$。初始矩阵 X 及其调度结果如图 3-4 (a) 所示。由于 $C_9 > \bar{d}_9$，根据算法 FCC 1 的步骤 2 和步骤 3，将工件 9 安排给机器 m_3 [见图 3-4 (b)]。由于

$C_7 > \overline{d}_7$，根据算法 FCC 1 的步骤 2，交换工件 7 和工件 6 的位置［见图 3-4（c）］，再根据算法 FCC 1 的步骤 3，将工件 7 安排在工件 3 前面［见图 3-4（d）］。由于 $C_2 > \overline{d}_2$，根据算法 FCC 1 的步骤 2、3、4，拒绝工件 2［见图 3-4（e）］。

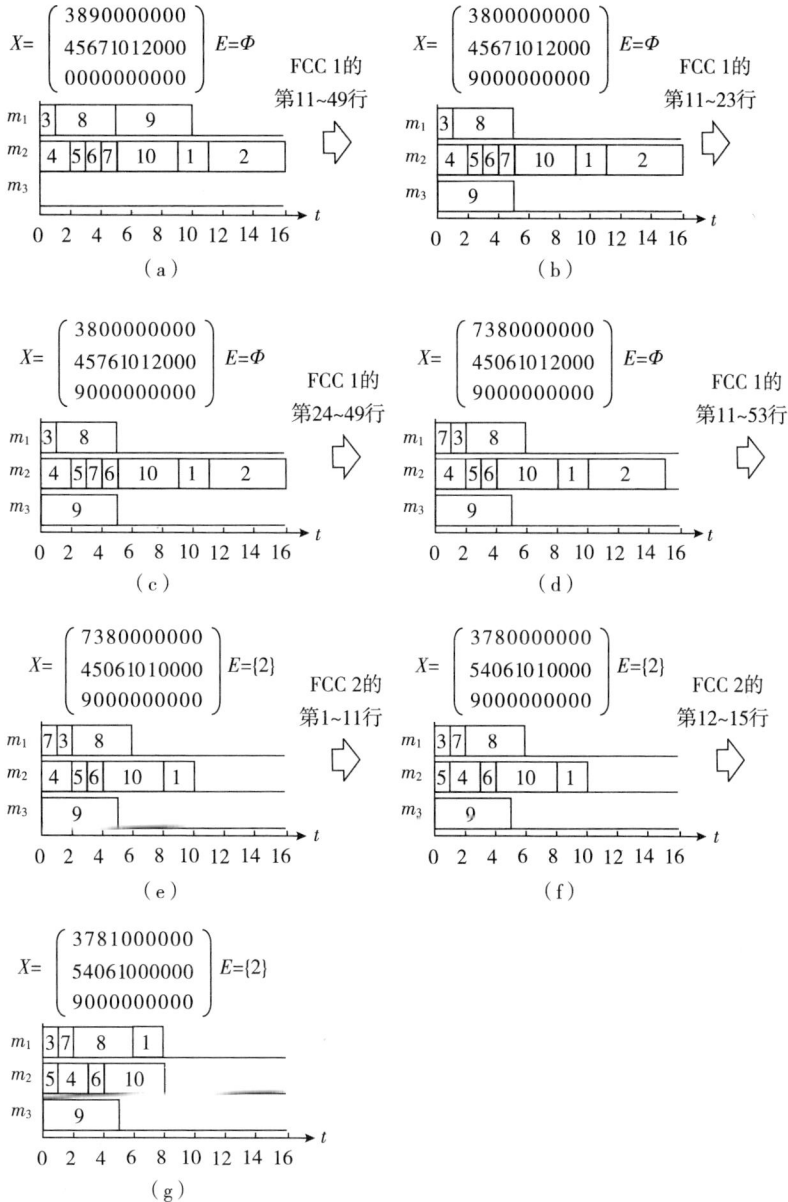

$$X = \begin{pmatrix} 3890000000 \\ 45671012000 \\ 0000000000 \end{pmatrix} E = \varPhi$$

FCC 1的
第11~49行

（a）

$$X = \begin{pmatrix} 3800000000 \\ 45671012000 \\ 9000000000 \end{pmatrix} E = \varPhi$$

FCC 1的
第11~23行

（b）

$$X = \begin{pmatrix} 3800000000 \\ 45761012000 \\ 9000000000 \end{pmatrix} E = \varPhi$$

FCC 1的
第24~49行

（c）

$$X = \begin{pmatrix} 7380000000 \\ 45061012000 \\ 9000000000 \end{pmatrix} E = \varPhi$$

FCC 1的
第11~53行

（d）

$$X = \begin{pmatrix} 7380000000 \\ 45061010000 \\ 9000000000 \end{pmatrix} E = \{2\}$$

FCC 2的
第1~11行

（e）

$$X = \begin{pmatrix} 3780000000 \\ 54061010000 \\ 9000000000 \end{pmatrix} E = \{2\}$$

FCC 2的
第12~15行

（f）

$$X = \begin{pmatrix} 3781000000 \\ 54061000000 \\ 9000000000 \end{pmatrix} E = \{2\}$$

（g）

图 3-4 算法 FCC 的实施过程

根据算法 FCC 2 的步骤 1，交换工件 3 和工件 7 的位置，交换工件 4 和工件 5 的位置，从而增加 *TFVP* 并减少拖延惩罚成本 ［见图 3-4（f）］。根据算法 FCC 2 的步骤 2，将工件 1 移到机器 m_1 上，从而增加 FVP_1 ［见图 3-4（g）］。

选择。选择是在当前代中选择适应度较高的个体形成下一代种群。这里采用轮盘赌法对染色体进行选择。选择概率的计算公式为：$ProbSelect = TFVP_i / \sum_{Npop} TFVP_i$，其中 $TFVP_i$ 是第 i 条染色体的适应度值。首先，采用轮盘赌法从当前染色体种群 *CPC* 中选取 $N_{pop}/2$ 个染色体构成种群 CPC_1。考虑到轮盘赌法可能会丢失一些较好染色体，我们对 *CPC* 的染色体按照适应度值降序排序，并选择前 $N_{pop}/2$ 个染色体构成种群 CPC_2。新的种群为 $CPC = CPC_1 \cup CPC_2$。

交叉。交叉操作是从种群中选择两个个体，按照一定的概率交叉产生新的解（后代），帮助种群进化。这里采用单点交叉操作，具体步骤为：在 ［1, $2n$］ 区间内随机选择一个交叉点，将两个父代个体 Parent 1 和 Paren 2 的染色体在该点进行切割，交换切割后的片段，生成两个新的染色体，即 Offspring 1 和 Offspring 2。如果 Offspring 1 的前半段中存在基因被重复分配了两次，则将 Offspring 1 第一个重复的基因（工件）与 Offspring 2 第一个重复的基因互换，重复该步骤，直到 Offspring 1 前半段没有重复的基因。最后，更新 *C*。图 3-5 给出了交叉操作的例子。

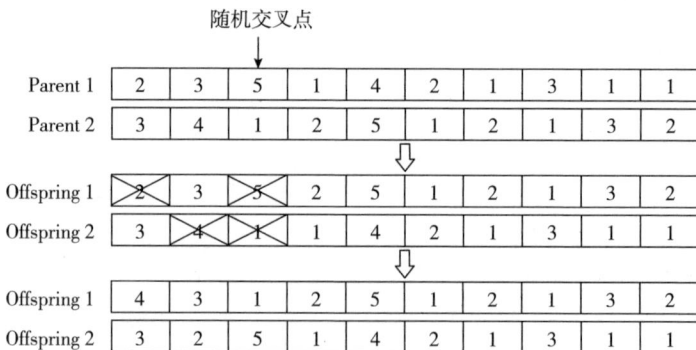

图 3-5　交叉操作的例子

算法过程：交叉

输入：当前种群的染色体

输出：新的种群和 C

1：**if** 从 $[0, 1]$ 区间任意取的一个数小于等于 0.9 **then**

2：　　随机选择两个染色体，令其分别为 Parent 1 和 Parent 2；

3：　　随机产生一个交叉点；

4：　　在交叉点处将 Parent 1 和 Parent 2 分成左右两部分；

5：　　将 Parent 1 的左边部分复制给 Offsping 1 的左边部分，将 Parent 2 的右边部分复制给 Offsping 1 的右边部分，将 Parent 2 的左边部分复制给 Offsping 2 的左边部分，将 Parent 1 的右边部分复制给 Offsping 2 的右边部分；

6：　　**while** 交叉点小于 n 且在 Offsping 1 的前半段存在重复基因 **do**

7：　　　　将 Offsping 1 的前半段中第一个重复的基因与 Offsping 2 的前半段中第一个重复的基因互换；

8：　　**end while**

9：　　更新 C；

10：**end if**

变异。变异操作是从种群中随机选择一个个体，按照一定概率变异得到新的个体，可以避免过早收敛到局部最优。具体步骤为：在一条染色体的前半段随机选取两个基因进行交换，在后半段随机选取一个基因，将其更改为代表自有机器的其他基因，更新 C。图 3-6 给出了变异操作的例子。

算法过程：变异

输入：当前种群的染色体

输出：新的种群和 C

1：**if** 从 $[0, 1]$ 区间任意取的一个数小于等于 0.1 **then**

2：　　随机选取一条染色体 parent 3；

3：　　从 parent 3 的前半段随机选取两个基因进行互换，从其后半段随机选取一个基因更改为代表自有机器的其他基因；

4：　　更新 C；

5：**end if**

随机选取变异基因

Parent 3	2	3	5	1	4	2	2	3	2	1

Offspring 3	2	1	5	3	4	1	2	3	2	1

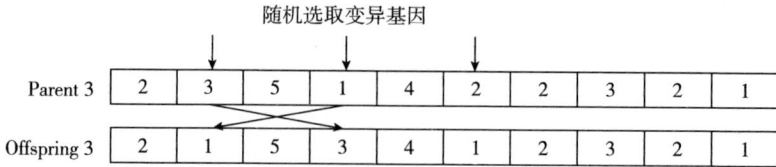

图 3-6　变异操作的例子

二、启发式算法 MEDF

该问题考虑了交货期限—截止日期时间窗，因此任意可行调度必须满足不等式 $\bar{d}_j \geq C_j$，$\forall j \in J$。如果工件 j 被拒绝，则其完工时间为 $C_j = 0$。一个直观的思路是根据 EDF 规则进行排序，考虑到交货期限和资金时间价值因素，需要再根据观察 3.1、3.2、3.3 以及第四节中给出的问题下界对 EDF 规则进行修改，给出了 MEDF（Modified the Earliest Deadline First Rule）算法（见 Algorithm 1）。MEDF 的时间复杂度是 $\max\{O(n^2\log n)，O(n^2 m_1)，O(n^2 m_2)\}$。主要包括 4 个步骤：

步骤 1：将集合 J_u 中的工件按 EDF 规则在自有机器上排序。计算 C_j，$\forall j \in J_u$。如果存在 $C_j > \bar{d}_j$，则将工件 h 分配给共享机器，其中 h 是安排在 $j \in J_u$ 之前所有工件中 P/p 最小的工件。重复该步骤，直到 $C_j \leq \bar{d}_j$，$\forall j \in J_u$。将工件安排在自有机器上的时间复杂度是 $\max\{O(n^2\log n)，O(n^2 m_1)\}$，因为 EDF 规则的时间复杂度是 $O(n\log n)$，计算 $C_j(\forall j \in J_u)$ 的时间复杂度是 $O(n m_1)$。（第 1~11 行）

步骤 2：如果集合 J_s 中存在工件，则按 EDF 规则在共享机器上安排工件。计算 C_j，$\forall j \in J_s$。如果存在 $C_j > \bar{d}_j$，则拒绝工件 h，其中 h 是安排在与 $j \in J_s$ 在同一台机器上且在 j 之前的所有工件中 P/p 最小的工件。重复该步骤，直到 $C_j \leq \bar{d}_j$，$\forall j \in J_s$。与步骤 1 相似，将工件安排在共享机器上或拒绝工件的时间复杂度是 $\max\{O(n^2\log n)，O(n^2 m_2)\}$。（第 12~23 行）

步骤 3：如果 $C_j > d_j$，则交换 j 和 g 的位置，其中，j 和 g 在同一台机器上，g 在 j 的前面加工，$C_j > d_g$ 且它们的交换不会导致它们之间工件延迟的增加，直到不存在可以与 j 互换的工件。降低延迟惩罚成本的时间复杂度是 $O(n^2)$。（第 24~36 行）

步骤4：交换 j 和 g 的位置，其中，j 和 g 在同一台机器上，g 在 j 的前面加工，$C_j > d_g$，$P_j/p_j > P_g/p_g$ 且它们的交换不会导致它们之间工件延迟的增加，直到不存在可以与 j 互换的工件。增加 FVP 值的时间复杂度是 $O(n^2)$。（第37~47行）

Algorithm 1 算法：启发式算法 MEDF

输入：问题参数，分配给自有机器的工件集合 $J_u = \{j_1, j_2, \cdots, j_n\}$，分配给共享机器的工件集合 $J_s = \varnothing$，被拒绝的工件集合 $E = \varnothing$。

输出：调度结果和 $TFVP$。

1：根据观察2，将所有工件按 EDF 规则安排在机器 M_1 上，构成 $m_1 \times n$ 的矩阵 X_1；

2：计算工件完工时间 C_j，$\forall j \in J_u$；

3：设集合 J_{cd}，集合中的工件满足完工时间大于其截止日期；

4：**while** $J_{cd} \neq \varnothing$ **do**

5：　　找出集合 J_{cd} 中元素在矩阵 X_1 中所处的最小位置 l；

6：　　令 G 是在位置 l 之前分配的工件集合；

7：　　令 h 是 G 中 P/p 最小的工件；

8：　　$J_u = J_u \setminus \{h\}$，$J_s = J_s \cup \{h\}$；

9：　　将 J_u 中的工件按照 EDF 规则安排在机器 M_1 上；

10：　计算 C_j，$\forall j \in J_u$，令 $C_j = 0$，$\forall j \in J_s$，更新 J_{cd}；

11：**end while**

12：**if** $J_s \neq \varnothing$ **then**

13：　将 J_s 中的工件按 EDF 规则安排在机器 M_2 上，构成 $m_2 \times n$ 的矩阵 X_2；

14：　计算 C_j，$\forall j \in J_s$，更新 J_{cd}；

15：　**while** $J_{cd} \neq \varnothing$ **do**

16：　　找出 J_{cd} 中位于矩阵 X_2 中位置最小的工件 j；

17：　　令 G' 是与工件 j 在同一台机器上，且被分配在 j 之前工件集合；

18：　　令 h 是 G' 中 P/p 最小的工件；

19：　　$J_s = J_s \setminus \{h\}$，$E = E \cup \{h\}$；

20：　　将 J_s 中的工件按照 EDF 规则安排在机器 M_2 上；

21：　　计算 C_j，$\forall j \in J_s$，令 $C_j = 0$，$\forall j \in E$，更新 J_{cd}；

22：　**end while**

23：**end if**

Algorithm 1 算法：启发式算法 MEDF

24： **for** $j=1$： n **do**

25： **if** $C_j > d_j$ **then**

26： 更新 G'；

27： **while** $G' \neq \varnothing$ **do**

28： 令工件 g 是 G' 中的最后一个元素；

29： **if** $C_j > d_g$ 且交换 j 和 g 不会增加他们之间超时工件数量 **then**

30： 交换 j 和 g。计算 C_j，$\forall j \in J_u \cup J_s$。令 $C_j = 0$，$\forall j \in E$；

31： **end if**

32： $G' = G' \setminus \{g\}$；

33： **end while**

34： **end if**

35： 更新 X_1 和 X_2；

36： **end for**

37： **for** $j=1$： n **do**

38： 更新 G'；

39： **while** $G' \neq \varnothing$ **do**

40： 令工件 g 是 G' 中的最后一个元素；

41： **if** $C_j > d_g$，$P_j / p_j > P_g / p_g$ 且交换 j 和 g 不会增加他们之间超时工件数量 **then**

42： 交换 j 和 g。计算 C_j，$\forall j \in J_u \cup J_s$。令 $C_j = 0$，$\forall j \in E$；

43： **end if**

44： $G' = G' \setminus \{g\}$；

45： **end while**

46： 更新 X_1 和 X_2；

47： **end for**

48： 计算 T_j，$\forall j \in J_u \cup J_s$ 和 *TFVP*。

最后，利用局部搜索算法提高解的质量（见 Algorithm 2）。令向量 $\overline{E}$ 中的前 $|E|$ 个元素来自集合 E，后 $n-|E|$ 个元素为 0。$\overline{X} = [X_1; X_2; \overline{E}]$。由于 $\overline{X}$ 是由算法 MEDF 得到的，如果在用局部搜索算法依次判断每个位置上的工件是否能与某个位置上的工件互换时，较前位置的工件与较后位置的工件互换，那么得到不

可行解的可能性较大，会增加算法的运行时间。因此，设计的局部搜索算法从 $\overline{X}$ 的第一个元素开始依次判断其位置上的工件是否能与其相邻位置上的工件互换，以提高 $TFVP$。

Algorithm 2 算法：局部搜索算法

输入：问题参数，$C_j(\forall j \in J)$，$\overline{X}$。

输出：调度结果和 $TFVP$。

1： 令 $X' = \overline{X}$，$X'' = \overline{X}$；

2： 令 $C' = C$，$C'' = C$；

3： 令 $TFVP^* = \overline{X} \to TFVP$；

4： **for** $k_1 = 1$：$n(m+1)-1$ **do**

5： $k_2 = k_1$；

6： **while** $k_2 < n(m+1)-1$ 且 k_1 和 k_2 位置上的元素均不是 0 **do**

7： $C''' = C$；

8： 令工件 j 和 h 分别是 X' 中位置 k_1 和 k_2 上的工件；

9： 交换 j 和 h；

10： 计算 C_j，$\forall j \in J$ 和 $X' \to TFVP$，更新 C'；

11： **if** $C_j \leq \bar{d}_j$，$\forall j \in J$ 且 $X' \to TFVP > TFVP^*$ **then**

12： $TFVP^* = X' \to TFVP$，$X'' = X'$，$C'' = C'$；

13： **else**

14： $C' = C'''$；

15： **end if**

16： $k_2 = k_2 + 1$；

17： **end while**

18： $C = C''$，$\overline{X} = X''$；

19： **end for**

第六节　数值实验

本节通过数值实验验证所提的 MEDF 和 GA 算法的性能。两个算法均在 MATLAB R2014a 中编码，且在具有 Intel Core i7-8550U（4.0 GHz）处理器和 8GB 内存的个人计算机上执行。小规模数值实验通过商业求解器 IBM ILOG CPLEX 12.5 求解。

一、随机问题生成

这里以服装产品为例。一方面，由于服装产品的材质（棉、丝、羊毛等）、用途（日常服装、职业装、运动服、性能服等）和智能程度（自动调温、收集健康数据）不同，不同的服装加工订单的利润和加工时间不一致。考虑到服装消费的季节性规律，最大周期半年（26 周，即 $T=26$）是现实的。另一方面，随着共享经济的发展，机器共享在纺织服装行业十分普遍。为了评估所提出的启发式算法的效率，参照 Kaplan、Rabadi（2012）及 Oğuz 等（2010），问题参数是随机生成的。

（1）利润 P_j 服从均匀分布 $[1, 20]$。

（2）加工时间长度 p_j 服从均匀分布 $[1, 5]$，且为整数。

（3）交货期限 d_j 服从均匀分布 $[p_j, T']$，且为整数。

（4）截止日期计算公式为 $\bar{d}_j = \max\{d_j + \gamma p_j, T'\}$，$\gamma \in \{0.7, 1, 2\}$ 是紧缩系数。

（5）单位惩罚成本的计算公式为 $w_j = P_j / (\bar{d}_j - d_j + 1)$。

（6）共享机器的开始可用时间 $s_i(i \in M_2)$ 服从均匀分布 $[0, 10]$，且为整数。假设自有机器的开始可用时间 $s_i = 0(i \in M_1)$。

（7）折现率 $r = 0.0\%$、0.2%，即分别考虑有资金时间价值和无资金时间价值两种情况。

（8）共享收益系数 $a_i(i \in M_2)$ 的取值范围为（0.1，0.5，0.9）。

GA 算法的两个重要参数是交叉概率和变异概率。为了选择最佳组合，我们在初步实验中对三个交叉概率 {0.7，0.8，0.9} 和三个变异概率 {0.05，0.1，

0.15 进行了比较。总共考虑了几种设置，分别为 $n=40$、80，$m=3(m_1=2$、$m_2=1)$，$m=6(m_1=3$、$m_2=3)$，$m=9(m_1=4$、$m_2=5)$。每种设置分别随机生成 10 个实例，并通过 GA 算法生成解决方案。通过比较 $TFVP$ 的平均值，发现交叉概率和变异概率的组合（0.9，0.1）表现优于其他组合，因此，该节采用的交叉概率为 0.9，变异概率为 0.1。GA 算法的种群规模 N_{pop} 和代数分别设置为 200 和 300。为了提高解的求解质量，将 MEDF 算法的解转换为 GA 算法中的一条染色体参与进化过程。

二、MEDF 和 GA 算法的性能

对于小规模实例，给定 12 个工件和机器设置（n，m_1，m_2），每个设置随机生成 5 个问题实例，因此，总共有 $5×12=60$ 个问题实例。表 3-4 总结了 MEDF 算法和 GA 算法的计算结果以及 CPLEX 获得的精确解。第 1 列表示相应的工件和机器设置。第 2、3、4、5 列分别是 CPLEX 获得的 $TFVP$ 的平均值（RMB' 0000）、平均所需 CPU 时间（以秒为单位）、平均被共享机器加工的工件数量 Ns 和被拒绝工件的数量 Ne。将两种算法的相对百分比偏差（差距）定义为 $gap=(TFVP^*-TFVP)/TFVP^*×100\%$，其中 $TFVP^*$ 由 CPLEX 求解得出，$TFVP$ 由 MEDF 算法和 GA 算法计算得出。每个问题实例 GA 算法均执行 5 次，记录其运行平均值。

表 3-5 和表 3-6 列出了 CPLEX 和两种启发式算法在 $n=10$、$m=3(m_1=2$、$m_2=1)$ 和 $n=15$、$m=4(m_1=1$、$m_2=3)$ 条件下的各种实例结果。由于在 $n=10$、$m=3(m_1=2$、$m_2=1)$ 条件下，即企业产能充足情况下，被共享机器加工的工件数量和被拒绝的工件数量均为 0，因此，表 3-5 未列出 Ns 和 Ne 列。表 3-5 和表 3-6 的第 1、2、3 列分别表示利率、紧缩系数和收益共享系数。对于每个参数组合，求解 5 个问题实例，因此，总共得到 $5×2×3×3×2=180$ 个实例。

从表 3-4、表 3-5 和表 3-6 中可以得出以下结果：

（1）在解的求解质量方面，CPLEX 可以求解小规模算例的精确解。相比于 MEDF 算法，GA 算法与 CPLEX 的结果偏差较小，GA 算法的最大平均偏差和最大偏差分别为 1.31% 和 3.17%，而 MEDF 算法的最大平均偏差和最大偏差分别为 9.86% 和 27.28%（见表 3-6）。当企业产能足够时，MEDF 算法和 GA 算法的精度更好，可以从表 3-4 的实例（10，2，1）、（12，2，1）和（18，3，2）以及表 3-5 的平均偏差看出。

表 3-4 小规模算例运行结果

(n, m_1, m_2)	CPLEX				MEDF					GA				
	TFVP (Avg)	CPU (Avg)	Ns	Ne	Gap (Max)	Gap (Avg)	CPU (Avg)	Ns	Ne	Gap (Max)	Gap (Avg)	CPU (Avg)	Ns	Ne
(10, 1, 1)	85.70	116.94	2.00	0.20	17.93	4.71	0.014	1.40	0.00	0.12	0.02	27.42	2.20	0.00
(10, 2, 1)	110.15	143.05	0.00	0.00	0.05	0.01	0.004	0.00	0.00	0.00	0.00	26.92	0.00	0.00
(12, 1, 1)	127.02	137.29	1.60	0.40	21.30	7.75	0.004	1.20	0.20	1.74	0.35	34.10	1.60	0.40
(12, 2, 1)	139.54	237.59	0.00	0.00	0.13	0.05	0.010	0.00	0.00	0.00	0.00	29.56	0.00	0.00
(14, 1, 2)	127.22	355.86	4.20	0.80	7.14	2.61	0.005	4.00	0.80	1.90	0.39	49.07	4.24	0.80
(14, 1, 3)	121.31	749.81	4.60	0.00	5.82	1.46	0.005	4.20	0.20	1.53	0.34	46.88	4.80	0.00
(16, 2, 1)	168.77	616.28	0.60	0.60	18.05	5.39	0.018	0.20	0.40	2.02	0.91	48.18	0.64	0.48
(16, 2, 2)	162.28	942.55	1.40	0.00	13.37	5.11	0.010	0.80	0.20	0.73	0.23	44.42	1.76	0.44
(18, 2, 2)	185.70	1278.50	1.40	0.20	6.59	3.31	0.012	0.80	0.20	0.93	0.28	61.78	1.80	0.20
(18, 3, 2)	188.48	2038.85	0.00	0.00	2.80	0.77	0.014	0.00	0.00	0.08	0.02	44.93	0.20	0.00
(20, 2, 2)	209.78	2457.88	3.80	0.20	13.40	6.41	0.037	3.60	0.00	1.70	0.98	61.03	4.12	0.00
(20, 3, 2)	212.77	3649.69	0.80	0.00	8.30	2.37	0.018	0.20	0.00	0.58	0.22	50.14	1.00	0.00

表 3-5 $n=10$，$m_1=2$，$m_2=1$ 的实验结果

r	γ	a_i $i\in M_2$	CPLEX		MEDF			GA		
			TFVP (Avg)	CPU (Avg)	Gap (Max)	Gap (Avg)	CPU (Avg)	Gap (Max)	Gap (Avg)	CPU (Avg)
0	0.7	0.1	108.92	137.59	0.00	0.00	0.005	0.00	0.00	29.06
		0.5	108.92	138.02	0.00	0.00	0.004	0.00	0.00	28.99
		0.9	108.92	136.77	0.00	0.00	0.004	0.00	0.00	29.42
	1	0.1	108.92	139.62	0.00	0.00	0.005	0.00	0.00	28.05
		0.5	108.92	138.27	0.00	0.00	0.005	0.00	0.00	27.98
		0.9	108.92	135.28	0.00	0.00	0.005	0.00	0.00	28.37
	2	0.1	108.92	139.19	1.04	0.21	0.005	0.00	0.00	27.04
		0.5	108.92	136.48	1.04	0.21	0.005	0.00	0.00	27.32
		0.9	108.92	137.11	1.04	0.21	0.005	0.00	0.00	27.67
	Avg.		108.92	137.59	0.35	0.07	0.005			28.21
0.2	0.7	0.1	112.91	138.18	0.09	0.03	0.008	0.00	0.00	26.67
		0.5	112.91	137.01	0.09	0.03	0.008	0.00	0.00	26.82
		0.9	112.91	139.07	0.09	0.03	0.008	0.01	0.00	26.96
	1	0.1	112.91	139.56	0.03	0.01	0.025	0.00	0.00	25.67
		0.5	112.91	137.64	0.03	0.01	0.005	0.00	0.00	25.41
		0.9	112.91	139.97	0.03	0.01	0.005	0.02	0.01	25.62
	2	0.1	112.91	137.35	1.05	0.27	0.006	0.01	0.00	24.62
		0.5	112.91	135.93	1.05	0.27	0.005	0.01	0.00	24.72
		0.9	112.91	137.71	1.05	0.27	0.005	0.04	0.01	24.98
	Avg.		112.91	138.05	0.39	0.11	0.008	0.01	0.00	25.72

表3-6　$n=15$, $m_1=1$, $m_2=3$ 的实验结果

r	γ	a_i $i \in M_2$	CPLEX TFVP (Avg)	CPU (Avg)	Ns (Avg)	Ne (Avg)	MEDF Gap (Max)	Gap (Avg)	CPU (Avg)	Ns (Avg)	Ne (Avg)	GA Gap (Max)	Gap (Avg)	CPU (Avg)	Ns (Avg)	Ne (Avg)
0	0.7	0.1	107.43	850.94	6.00	0.20	6.16	2.00	0.008	6.40	0.20	0.80	0.39	63.92	6.24	0.32
		0.5	122.91	849.78	6.00	0.20	7.75	3.22	0.005	6.40	0.20	3.17	0.85	70.94	6.44	0.28
		0.9	138.47	853.11	6.00	0.20	9.06	4.20	0.006	6.40	0.20	2.18	0.55	57.28	6.40	0.20
	1	0.1	107.77	794.51	6.00	0.00	6.75	3.86	0.007	6.20	0.00	0.57	0.41	68.38	6.20	0.00
		0.5	123.21	796.04	6.00	0.00	7.74	5.28	0.007	6.20	0.00	2.64	1.19	67.02	6.40	0.00
		0.9	138.91	797.91	6.20	0.00	8.50	6.54	0.006	6.20	0.00	1.61	0.66	51.29	6.52	0.00
	2	0.1	108.68	799.03	5.80	0.00	26.47	8.37	0.007	6.20	0.00	1.52	0.68	46.87	6.48	0.00
		0.5	123.46	748.36	6.00	0.00	26.13	8.10	0.007	6.20	0.00	1.37	0.59	44.45	6.48	0.00
		0.9	139.16	748.83	6.20	0.00	27.20	9.86	0.008	6.20	0.00	0.95	0.34	40.63	6.56	0.00
	Avg.		123.33	804.28	6.04	0.07	13.97	5.71	0.007	6.27	0.07	1.65	0.63	56.75	6.41	0.09
0.2	0.7	0.1	110.66	792.88	6.20	0.20	5.82	1.95	0.006	6.40	0.20	0.72	0.37	65.26	6.16	0.40
		0.5	126.59	840.58	6.20	0.20	7.42	3.14	0.006	6.40	0.20	2.88	0.75	71.35	6.40	0.24
		0.9	142.66	846.71	6.20	0.00	8.74	4.14	0.006	6.40	0.00	2.58	0.58	53.09	6.52	0.20
	1	0.1	110.96	801.52	6.20	0.00	7.84	4.38	0.007	6.20	0.00	1.09	0.57	65.78	6.20	0.00
		0.5	126.86	799.15	6.20	0.00	7.84	5.26	0.005	6.20	0.00	2.40	1.31	66.05	6.44	0.00
		0.9	143.08	799.51	6.40	0.00	8.60	6.54	0.006	6.20	0.00	1.79	0.53	50.18	6.56	0.00
	2	0.1	111.85	748.49	6.00	0.00	26.43	8.35	0.008	6.20	0.00	2.04	0.76	47.53	6.44	0.00
		0.5	127.08	745.61	6.20	0.00	26.09	8.87	0.008	6.20	0.00	1.46	0.87	43.97	6.64	0.00
		0.9	143.34	798.47	6.40	0.00	27.28	9.85	0.008	6.20	0.00	1.24	0.41	39.60	6.88	0.00
	Avg.		127.01	796.99	6.22	0.07	14.01	5.83	0.007	6.27	0.07	1.80	0.68	55.87	6.47	0.09

（2）在解的求解效率方面，CPLEX 对问题实例的规模大小最为敏感，当 $n=$ 20、$m=5$ 时，CPLEX 的平均运行时间已达 3649.69 秒。MEDF 算法能够在较短时间内给出问题的解，最大平均运行时间为 0.359 秒。GA 算法的计算时间随着工件和机器数量的增加而呈增加的趋势，这是因为随着问题规模的增加，工件与机器的组合情况增加，GA 算法中修正算法 FCC 的运行次数也会增加。

（3）当 γ 和 $a_i (i \in M_2)$ 不变时，$TFVP$ 随着 r 的增加而增加。当产能不足时，Ns 也会随着 r 的增加而增加。当产能充足时，r 对 Ns 没有影响。可以看出，资金时间价值影响机器的共享和调度决策。

（4）当 r 和 $a_i (i \in M_2)$ 不变，且企业产能不足时，$TFVP$ 可能会随着 γ 的增加而减小，这是因为 Ne 和延期惩罚成本可能会减小。这也解释了为什么企业倾向于宽松的交货期和截止日期。

（5）当 r 和 γ 不变，且产能不足时，$TFVP$ 和 Ns 可能会随着 $a_i (i \in M_2)$ 的增加而增加。这表明，共享收益系数越大，使用共享机器加工工件的数量可能会越多，并能获得越高的利润终值。但当企业产能足够大时，$a_i (i \in M_2)$ 对 $TFVP$ 和 Ns 没有影响。

对于大规模实例来说，CPLEX 无法在可接受的计算时间内提供最优解。因此，本书采用 MEDF 算法和 GA 算法进行进一步的实验。给定 12 个工件和机器设置（n，m_1，m_2），每个设置随机生成 5 个问题实例，因此，总共有 $5 \times$ $12=60$ 个问题实例。表 3-7 列出了大规模实例的计算结果，可以得出以下结论：

（1）MEDF 和 GA 的解的质量相当，GA 的计算结果好于 MEDF，这是因为 GA 算法将 MEDF 的调度结果转换成一条染色体，参与了 GA 的进化过程。因此，GA 的平均运行时间也比 MEDF 多得多。这两种启发式方法对于大规模问题都表现良好。

（2）工件被共享机器加工或被拒绝可能会增加 $TFVP$ 值，这是由于工件延期使惩罚成本减少和工件利润终值增加导致的。

表 3-7　大规模算例运行结果

(n, m_1, m_2)	MEDF						GA			
	TFVP (Avg)	Gap (Max)	Gap (Avg)	CPU (Avg)	Ns (Avg)	Ne (Avg)	TFVP (Avg)	CPU (Avg)	Ns (Avg)	Ne (Avg)
(40, 3, 2)	345.87	2.95	1.00	0.026	9.20	4.20	349.27	388.86	10.56	3.48
(40, 4, 2)	374.14	7.70	1.88	0.037	4.40	2.00	380.97	322.93	4.80	1.84
(40, 4, 3)	407.66	6.54	3.30	0.026	7.20	0.20	421.00	336.86	7.80	0.20
(60, 4, 3)	526.63	2.52	0.70	0.057	17.20	4.00	530.47	841.06	17.76	4.16
(60, 5, 3)	580.14	2.28	0.98	0.103	13.00	3.80	585.94	1028.34	12.48	4.60
(60, 7, 2)	621.45	5.38	2.09	0.032	4.40	0.60	634.60	825.75	6.00	0.76
(80, 7, 2)	747.97	3.18	0.82	0.337	10.80	7.00	753.78	1617.99	10.32	7.04
(80, 7, 3)	782.11	1.69	0.69	0.104	15.60	5.60	787.52	1993.26	15.32	5.72
(80, 8, 2)	759.78	2.55	0.57	0.082	7.80	6.00	763.89	1914.79	7.72	5.44
(100, 7, 2)	838.88	0.00	0.00	0.359	13.00	22.60	838.88	1600.18	13.00	22.60
(100, 8, 2)	876.57	0.86	0.24	0.272	11.40	14.80	878.59	1847.44	11.96	14.60
(100, 8, 3)	917.57	0.00	0.00	0.240	17.80	10.40	917.57	2194.72	17.80	10.40

本章小结

　　本章研究了考虑共享收益的同型机调度问题，每个工件都有交货期限和截止日期时间窗，由于资金时间价值是现实情况下利润的关键属性，因此，本章将资金时间价值引入所考虑的问题中。目标是决定工件是否加工，以及工件在自有机器和在共享机器上的调度方案，以获得最大化的总利润终值。为解决该问题，本章构建了一个非线性的数学规划模型，并将其转化成整数线性规划模型。基于问题属性，本章提出了 MEDF 和 GA 两种启发式算法。通过数值实验验证了两个算法具有较高的精确度和求解效率，能够满足实际生产对解的精确度和计算效率的要求。

第四章 考虑机器租赁成本和共享服务成本的同型机离线调度问题

第三章考虑的是企业租赁共享机器时以按价值计价的方式与共享平台或共享企业共享收益。本章则以计件的方式租赁共享机器，即研究考虑机器固定租赁成本、单位可变租赁成本和共享服务成本的同型机离线调度问题，目标是最小化最大完工时间与总机器共享成本之和。通过数学方法为管理者提供机器租赁与生产决策支持。

本章的内容结构安排如下：首先，对研究问题进行描述并构建整数规划模型；其次，分析问题的性质；再次，提出了一个启发式算法；最后，通过数值实验验证所提模型和算法的有效性。

第一节 问题描述和数学规划模型

本节首先将研究问题刻画为一个调度优化问题，然后为该问题构建一个数学规划模型。

一、问题描述

在给定的机器集 $M = \{M_i \mid i = 1, 2, \cdots, m+k\}$ 中，有 $m+k$ 台加工速度相同的同型机，其中 $m \geq 2$ 表示制造商所拥有的机器数量，$k \geq 1$ 表示共享平台上可以租赁的共享机器数量，h 表示实际租赁的共享机器数量。给定工件集 $J = \{J_j \mid j = 1, 2, \cdots, n\}$，用 p_j（$p_j > 0$）表示工件 J_j 的加工时间。假定对任意工件 J_j，制造商可以选择用自己的机器加工，也可以租赁企业外部机器加工，制造商租赁一台

共享机器 $M_i(m+1 \leqslant i \leqslant m+k)$ 需要支付该机器的固定租赁成本 a（如共享机器的准备成本和清理费用）和单位可变租赁成本 b，即该机器的租赁成本为 $a+bC_i$，其中 C_i 表示机器 M_i 的完工时间，此外，要考虑租赁机器 $M_i(m+1 \leqslant i \leqslant m+k)$ 加工工件 J_j 时产生的共享服务成本 c_{ij}（如原材料或产成品运输成本、加工准备成本、服务成本等，本章统称为共享服务成本）。因此，可以看作是以计件方式租赁共享机器，即租赁共享机器后，按照每个工件的加工成本计算总成本。这里假定不同的共享同型机具有相同的固定租赁成本和单位可变租赁成本，即对 $\forall i \in [m+1, m+k]$，$a_i=a$，$b_i=b$，不考虑制造商自有机器既有的沉没成本，即对 $\forall i \in [1, m]$，$a_i=b_i=c_{ij}=0$。

不失一般性，假定一个工件在同一时刻只能被一台机器加工，并且每台机器在同一时刻只能加工一个工件，工件不允许中断，所有工件在 0 时刻到达。用 σ 表示某一可行调度方案，本章所研究的问题是找到最优的调度方案 σ^* 使得最大完工时间（*Makespan*）与总共享成本之和最小化。用三参数表示法可表示为 $P_{m+k} \parallel C_{max}+\sum S_i$，其中 P_{m+k}、C_{max}、$\sum S_i$ 分别表示同型机、最大完工时间和总共享成本（总机器租赁成本与总共享服务成本之和）。如果工件 J_j 被安排在机器 M_i 上加工，则令 $x_{ij}=1$；否则，$x_{ij}=0$。如果机器 M_i 被使用，则令 $\alpha_i=1$；否则，$\alpha_i=0$。因此，机器 M_i 的共享成本为 $S_i=a_i\alpha_i+b_i\sum_{j=1}^{n}p_jx_{ij}+\sum_{j=1}^{n}c_{ij}x_{ij}$。当 $\forall b_i=0$ 时，该问题转变为考虑共享机器固定租赁成本和共享服务成本的调度问题；当 $\forall c_{ij}=0$ 时，该问题转变为考虑共享机器固定租赁成本和单位可变成本的调度问题，从而可以看出该问题更具一般性。

二、模型构建

本小节将为所考虑的基于机器固定租赁成本、单位可变租赁成本和共享服务成本的同型机调度问题构建数学模型。建立的整数规划模型如下：

模型［P4-1］：整数线性规划模型

目标函数：

$$Z = C_{max} + \sum_{i=1}^{m+k} S_i \tag{4.1}$$

约束条件：

$$S_i = a_i\alpha_i + b_i\sum_{j=1}^{n}p_jx_{ij} + \sum_{j=1}^{n}c_{ij}x_{ij}, \ i = 1, \ \cdots, \ m+k \tag{4.2}$$

$$\sum_{i=1}^{m+k}x_{ij} = 1, \ j = 1, \ \cdots, \ n \tag{4.3}$$

$$\sum_{j=1}^{n}p_jx_{ij} \leq C_{\max}, \ i = 1, \ \cdots, \ m+k \tag{4.4}$$

$$x_{ij} \leq \alpha_i, \ i = 1, \ \cdots, \ m+k; \ j = 1, \ \cdots, \ n \tag{4.5}$$

$$x_{ij} \in \{0, \ 1\}, \ \alpha_i \in \{0, \ 1\}, \ i = 1, \ \cdots, \ m+k; \ j = 1, \ \cdots, \ n \tag{4.6}$$

式（4.1）表示规划模型的目标函数为最小化最大完工时间与总共享成本之和；约束（4.2）表示机器 M_i 的共享成本；约束（4.3）确保每个工件必须被安排在某台机器上；约束（4.4）表示机器 M_i 的完工时间不大于机器的最大完工时间 $C_{\max}$；约束（4.5）表示变量 α_i 和 x_{ij} 的关系，只有被使用的机器才安排工件；约束（4.6）表示决策变量的取值范围。

第二节　问题性质分析

当 $a \to \infty$ 或者 $a=0$，$b=0$，$\forall c_{ij}=0$，则问题简化为 $P\|C_{\max}$ 问题，而 $P\|C_{\max}$ 是强 NP 难问题（Lenstra 等，1977），因此 $P_{m+k}\|C_{\max}+\sum S_i$ 问题也是强 NP 难问题。当 $a=0$ 时，本章所研究的问题可看作是 Ji 等（2022）中问题的特殊情形，因此，下面仅讨论 $a>b \geq 0$ 的情形。由于将工件 J_j 分配给共享机器 $M_i(m+1 \leq i \leq m+k)$ 加工时，$C_{\max}$ 至多减少 p_j，而租赁成本全少增加 bp_j+c_{ij}，如果 $b \geq 1$，则最优调度不租赁共享机器 M_i。因此，下面仅讨论 $0 \leq b<1$ 的情形。

令 $p_{\max}=\max_{j=1}^{n}\{p_j\}$，$P=\sum_{j=1}^{n}p_j$。对于问题 $P|pmtn|C_{\max}$，其中 $pmtn$ 表示工件可中断，McNaughton's Wrap around 规则（McNaughton，1959）能够给出最优解 $C_{\max}^*=\max\{p_{\max}, \ P/m\}$，当工件不可中断时，最优最大完工时间满足 $C_{\max}^* \geq p_{\max}$ 且 $C_{\max}^* \geq P/m$，因此，很容易得到性质 4.1 和性质 4.2。性质 4.1 中，$\lceil P/p_{\max}\rceil$ 表示所有工件加工长度的最大值大于等于机器平均完工时间的最小机器数量，因

此，当自有机器数量大于等于该值时，最优调度不租赁共享机器。当共享机器的固定租赁成本 a 较大时，最优调度不租赁机器，性质 4.2 给出了该情形下 a 的取值范围。

性质 4.1 对于 $P_{m+k} \| C_{\max} + \sum S_i$ 问题，若 $m \geqslant \lceil P/p_{\max} \rceil$，则最优调度不租赁共享机器，且最优目标值为 $p_{\max}$。

性质 4.2 对于 $P_{m+k} \| C_{\max} + \sum S_i$ 问题，若 $a \geqslant \lfloor P/(m+1) \rfloor$，则最优调度不租赁共享机器。

证明： 令 n 个工件在 m 台自有机器上分配的最优最大完工时间为 $C_{\max}^*$。若增加一台共享机器，则令 n 个工件在 $m+1$ 台机器上分配的最优最大完工时间为 $\tilde{C}_{\max}^*$，且令其中最小的机器完工时间为 $C_{\min}$，则 $C_{\min} \leqslant P/(m+1)$，由于工件不可中断，所以 $C_{\min} \leqslant \lfloor P/(m+1) \rfloor$，因此，增加一台机器 $C_{\max}$ 至多减少 $\lfloor P/(m+1) \rfloor$（即 $C_{\max}^* - \tilde{C}_{\max}^* \leqslant \lfloor P/(m+1) \rfloor$），当新增共享机器的固定租赁成本 a 大于等于最大完工时间的最大减小量 $\lfloor P/(m+1) \rfloor$ 时，最优调度不租赁共享机器。证毕。

前面提到如果将工件 J_j 分配给共享机器 $M_i (m+1 \leqslant i \leqslant m+k)$ 加工，则 $C_{\max}$ 至多减少 p_j，而租赁成本至少增加 $bp_j + c_{ij}$，若 $c_{ij} \geqslant (1-b)p_j$，则 $bp_j + c_{ij} \geqslant p_j$，此时最优调度不会租赁共享机器 M_i 加工工件 J_j。因此，可得性质 4.3。

性质 4.3 对于 $P_{m+k} \| C_{\max} + \sum S_i$ 问题，若 $c_{ij} \geqslant (1-b)p_j$，则最优调度不会将工件 J_j 分配在共享机器 M_i 上加工。

在安排工件加工顺序之前，首先需要确定机器的租赁数量，性质 4.4 给出了最优调度可能租赁机器数量的范围。

性质 4.4 令最优调度 σ^* 租赁 h^* 台机器，则 h^* 满足：

(1) $1-bm>0$ 时，若 $\sqrt{P(1-bm)/a} - m \leqslant 0$，则 $h^* = 0$；若 $0 < \sqrt{P(1-bm)/a} - m < k$，则 $h^* \leqslant \lceil \sqrt{P(1-bm)/a} \rceil - m$；若 $\sqrt{P(1-bm)/a} - m \geqslant k$，则 $h^* \leqslant k$。

(2) $1-bm \leqslant 0$ 时，$h^* = 0$。

证明： 当不考虑共享服务成本 c_{ij} 时，令工件可中断调度问题的目标最优值为 Z_p^*，最优调度租赁 h_p^* 台共享机器，工件不可中断调度问题的目标最优值为 Z_{np}^*，最优调度租赁 h_{np}^* 台机器。首先证明 $h^* \leqslant h_{np}^* \leqslant h_p^*$；其次证明在可中断问题的最优调度中，对 $\forall i \in [1, m+h_p^*]$，机器完工时间等于 $P/(m+h_p^*)$；最后证明

可中断问题中 h_p^* 的取值。

1）显然，$Z_{np}^* \geq Z_p^*$，这是因为工件可中断时最大完工时间的减少量大于等于租赁成本的增加量，而租赁成本增加的可能原因之一是租赁机器数量的增加，可得 $h_{np}^* \leq h_p^*$，由于本章问题考虑了共享服务成本 c_{ij}，可能导致机器租赁数量减少，因此 $h^* \leq h_{np}^* \leq h_p^*$。

2）在不考虑共享服务成本的工件可中断调度问题中，①由于租赁共享机器需要支付单位可变成本（$0 \leq b < 1$），所以自有机器的最大完工时间大于等于租赁机器的最大完工时间。②若自有机器的完工时间不相等，则调整使其相等可减少 C_{max}。③若租赁机器的完工时间不相等，则调整使其相等，不会改变目标值。④若自有机器的完工时间大于租赁机器的完工时间，调整使其相等，如果目标值增加，则 $h_p^* = 0$ 且自有机器的完工时间等于 P/m；否则，$h_p^* > 0$ 且所使用机器的完工时间等于 $P/(m+h_p^*)$。对任意调度 σ_p，若存在上述四种情形，通过适当调整可得到最优调度 σ_p^*。图 4-1 给出了四种情形调整后的效果示意图，由于不清楚每台机器上工件的调度情况，因此示意图中用符号"……"简化表示。

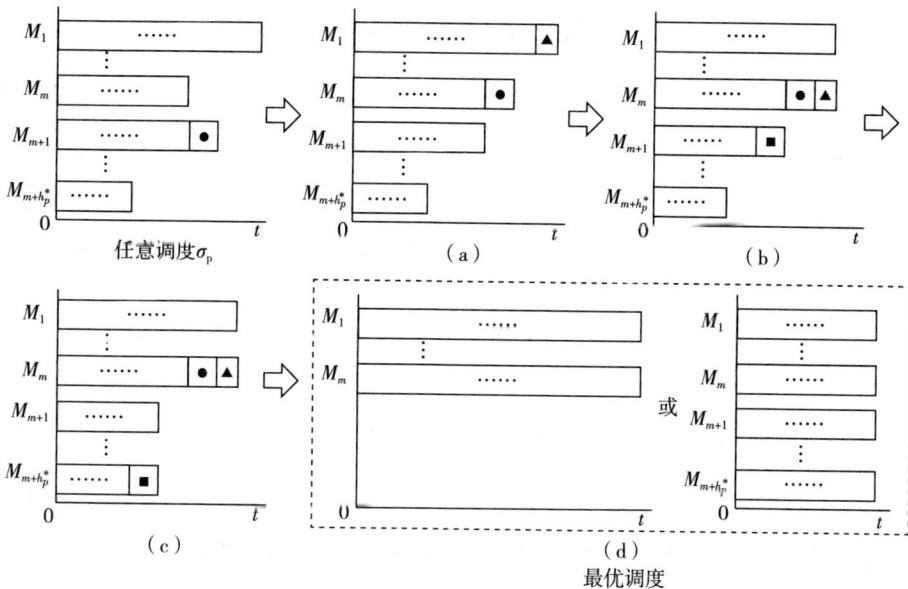

图 4-1　任意调度调整为最优调度的效果示意图

3) 由于在不考虑共享服务成本的工件可中断调度问题中，对 $\forall i \in [1, m+h_p^*]$，机器完工时间等于 $P/(m+h_p^*)$，可得 $Z_p^* = P/(m+h_p^*) + ah_p^* + bPh_p^*/(m+h_p^*)$。令 $f(x) = P/(m+x) + ax + bPx/(m+x)$，$f(x)$ 的一阶和二阶导数分别为 $a-P(1-bm)/(m+x)^2$ 和 $2P(1-bm)/(m+x)^3$。当 $1-bm>0$ 时，二阶导数大于 0，一阶导数单调递增，当 $\sqrt{P(1-bm)/a} - m \leq 0$ 时，$f(x)$ 在 $x=0$ 处取得最小值；当 $0 < \sqrt{P(1-bm)/a} - m < k$ 时，$f(x)$ 在 $x = \sqrt{P(1-bm)/a} - m$ 处取得最小值；当 $\sqrt{P(1-bm)/a} - m \geq k$ 时，$f(x)$ 在 $x=k$ 处取得最小值。当 $1-bm \leq 0$ 时，一阶导数大于 0，$f(x)$ 单调递增，则其在 $x=0$ 处取得最小值。证毕。

在本章所研究的问题中，制造商为了减少工件的最大完工时间而根据实际情况判断是否租赁机器，因此当不考虑租赁共享机器时，采用 LPT 规则在自有机器上调度所有工件得到的最大完工时间 C^{LPT} 是本章问题的一个上界，即性质 4.5。

性质 4.5 对于 $P_{m+k} \| C_{\max} + \sum S_i$ 问题，$Z^* \leq C^{LPT}$，其中，C^{LPT} 是在自有机器上利用 LPT 规则得到的最大完工时间。

第三节 算法设计

利用数学规划模型虽然可以获得最优解，但计算时间可能较长，特别是对于大规模问题。为了在短时间内为决策者提供较理想的调度方案，本节基于问题性质分析结果设计基于共享机器租赁数量的启发式算法（Number of Shared Machine-depended Heuristic，NSMD-H）。根据 4.2 节性质，当 $m \geq \lceil P/p_{\max} \rceil$ 或 $a \geq \lfloor P/(m+1) \rfloor$ 或 $1-bm \leq 0$ 或 $1-bm>0$ 且 $\sqrt{P(1-bm)/a} - m \leq 0$ 时，最优调度不租赁共享机器，此时采用 LPT 规则在自有机器上调度工件，可得 $C^{LPT} \leq \left(\dfrac{4}{3} - \dfrac{1}{3m}\right) C_{\max}^*$（Graham，1969）。当以上四种情形均不成立时，可利用启发式算法 NSMD-H 进行求解。若仍采用 LPT 规则在自有机器上调度工件，则 $Z(\text{LPT})/Z^* = O(k/m)$。例如，有 $n \to \infty$ 个加工长度为 p 的工件，可在 m 台自有机器和 k 台共享机器上加工，其中，n 是 m 的倍数，也是 $m+k$ 的倍数，令 $a \to 0$，$b = 0$，$\forall c_{ij} = 0$，则

$$Z(\text{LPT})/Z^* = (np/m)/[(np/(m+k)+ak] = 1+k/m。$$

启发式算法 NSMD-H 的主要思想是在确定租赁机器数量后，得出自有机器最大完工时间的最小取值，根据该值和服务成本与工件加工长度比值确定自有机器和共享机器上的工件，然后对自有机器和共享机器上的工件进行调度和调整。该算法先将所有工件在自有机器上按照 LPT 规则调度，然后根据性质 4.4 确定租赁机器的最小数量 H，如果 $H>0$，则租赁机器数量 h 从 1 到 H 分别依次进行以下操作：首先，确定分配给自有机器的工件以及每台共享机器上分配的工件，自有机器上的工件按照 LPT 规则调度，共享机器上的工件按照服务成本与工件加工长度之比非减排序；其次，删除共享机器上被重复安排的工件，确保每个工件仅被加工一次；再次，调整共享机器完工时间大于自有机器完工时间的共享机器上的工件；接着，调整机器完工时间较小的共享机器上的工件，以减少机器租赁数量，并减小目标值；复次，检查自有机器上的工件是否可以分配到已租用的共享机器上，从而减小目标值；最后，给出调度结果和目标值。进行完以上操作后，选择 h 从 0 到 H 中目标值最小的方案作为算法的最终结果。NSMD-H 的执行流程如图 4-2 所示。

具体算法描述如下：

步骤 0：根据 LPT 规则将所有工件分配给自有机器，得到调度 σ_0 和目标值 Z_0。根据性质 4.4，如果 $\sqrt{P(1-bm)/a} - m \leq 0$，则令 $H=0$；如果 $0 < \sqrt{P(1-bm)/a} - m < k$，则令 $H = \lceil \sqrt{P(1-bm)/a} - m \rceil$；如果 $\sqrt{P(1-bm)/a} - m \geq k$，则令 $H=k$。如果 $H>0$，则 h 从 1 到 H 依次运行步骤 1~4，否则，运行步骤 5。

步骤 1：工件按 $\min\limits_{i \in \{m+1,\cdots,m+k\}} c_{ij}/p_j$ 非增排序，依次选择工件直到所选工件加工长度之和大于 $Pm/(m+h)$，所选工件分配给自有机器，再根据性质 4.3 将满足 $\min\limits_{i \in \{m+1,\cdots,m+k\}} c_{ij} \geq (1-b)p_j$ 的工件分配给自有机器；自有机器的工件按照 LPT 规则调度，并计算最大完工时间 $C_{\max}^o$，共享机器上的工件按 c_{ij}/p_j 非减排序，并计算机器的完工时间，令共享机器完工时间集合为 $XI = \{C_{m+1}, \cdots, C_{m+k}\}$。如果共享机器上有被重复加工的工件，则运行步骤 2；否则，得到可行调度 σ_h。判断 XI 中是否存在大于 $C_{\max}^o$ 的值，若存在，则运行步骤 3；否则，运行步骤 4。

步骤 2：删除被重复加工的工件，主要包括以下两步：

开始

步骤0
- 所有工件按照LPT规则在自有机器上调度，计算目标值Z_0
- 根据性质2.4确定租赁机器的最小数量H

$H>0?$ —否→

是

$h=1$

$h\leq H?$ —否→

是

步骤1
- 确定分配给自有机器的工件以及每台共享机器上分配的工件
- 自有机器上工件按LPT规则调度，计算最大完工时间C_{max}^o，共享机器上工件按c_{ij}/p_j从小到大排序

步骤2
- 删除完工时间大于C_{max}^o的机器上加工位置靠后的重复工件
- 删除机器上加工位置与该机器工件数量比值较大的重复工件，仅保留该比值最小的机器上的该重复工件，若该比值相等，则仅保留机器编号最小的机器上的该重复工件

步骤3
- 将完工时间大于C_{max}^o的机器上的工件依次往已租赁的机器、未租赁的机器、自有机器上移，自有机器上所有工件按照LPT规则重新调度

步骤4
- 将完工时间较小的共享机器上的所有工件移到其他已经租赁的机器上
- 记录调度结果，计算目标值，$h=h+1$

步骤5
- 找出h从0到H中目标值最小的方案及其对应的h取值
- $h=0?$ —是→
- 否
- 检查自有机器上的工件是否可以分配到已租赁的共享机器上而使目标值减小，若存在则进一步调整

结束

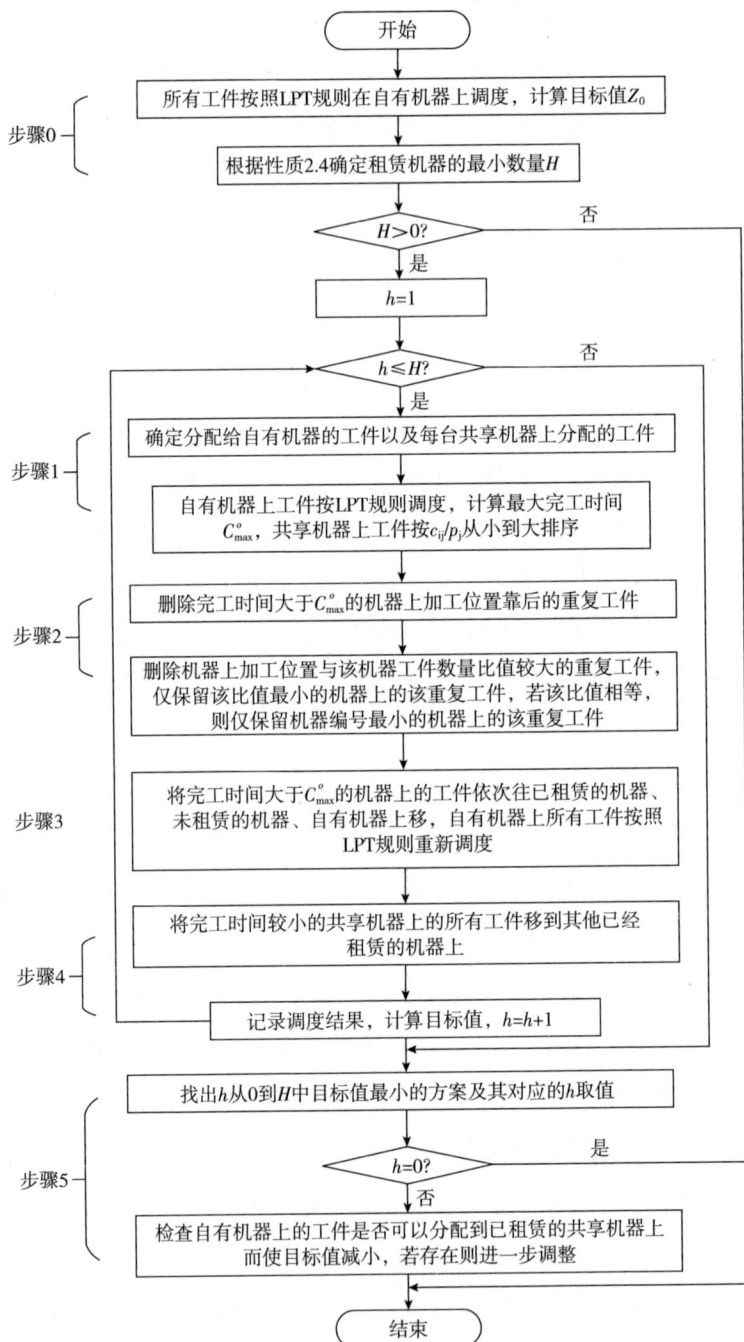

图4-2 启发式算法执行流程图

注：执行步骤2和步骤3时需要满足相应的条件。

步骤 2.1：令共享机器中被重复加工的工件集合为 ϑ_r，且令 $XI' = XI$，如果 $\max\{XI'\} > C^o_{\max}$，判断完工时间等于 $\max\{XI'\}$ 的机器上是否存在重复工件，若存在，则删除重复工件中加工位置最大的工件，更新 XI、XI' 和 ϑ_r；若不存在，则令 XI' 中对应的该机器完工时间等于 0，重复该步骤，直到 $\max\{XI'\} \leqslant C^o_{\max}$。

步骤 2.2：如果 $\vartheta_r \neq \varnothing$，对每个重复工件，仅保留一个工件加工位置与机器上工件数量之比最小的机器上的该重复工件，若该比值相等，则保留机器编号最小的机器上的该重复工件，删除其余机器上的该重复工件，共享机器上的工件按 c_{ij}/p_j 非减排序，更新 XI，得到调度 σ_h。如果 $\max\{XI\} > C^o_{\max}$，则运行步骤 3；否则，运行步骤 4。

步骤 3：令完工时间等于 $\max\{XI\}$ 的共享机器为 M_I，如果存在完工时间小于 $C^o_{\max}$ 的已经租用的共享机器（其集合为 $\overline{M}$），则运行步骤 3.1。之后，如果 $C_I > C^o_{\max}$，且存在未租赁的机器（其集合为 M_0），又且 $k - |M_0| < h$，则令还需租赁的机器数量 $h_0 = \min\{\lceil (C_I - C^o_{\max})/C^o_{\max} \rceil, h - (k - |M_0|)\}$，运行步骤 3.2。随后，如果 $C_I > C^o_{\max}$，则运行步骤 3.3。重复该步骤，直到 $\max\{XI\} \leqslant C^o_{\max}$。

步骤 3.1：依次调整 M_I 上的工件。以 M_I 上的工件 J_g 为例，将 $\overline{M}$ 中的机器按照 $c_{ig}(i \in \overline{M})$ 非减排序，依次判断 J_g 是否可以移到其上加工，以 $\overline{M}$ 中的 M_l 为例，如果将 J_g 移到 M_l 上，满足 $c_{lg} - c_{Ig} \leqslant z$（如果 $\max\{XI\} - C^o_{\max} \geqslant p_g$，则 $z = p_g$；否则，$z = \max\{XI\} - C^o_{\max}$），且 $C_l \leqslant C^o_{\max}$，且 $c_{lg} < (1-b)p_g$，则将 J_g 移到 M_l 上，更新 XI 和 σ_h，且无须判断 M_l 之后的其他可调机器。如果机器 $C_I \leqslant C^o_{\max}$，则无须调整 M_I 上 J_g 之后的其他工件。

步骤 3.2：如果 $(C_I - C^o_{\max})/C^o_{\max} \geqslant 1$，则令 $D = C^o_{\max}$；否则，令 $D = C_I - C^o_{\max}$。M_0 中的机器依次进行以下操作，以 M_0 中 M_q 为例：M_I 上的工件按 c_{qj}/p_j 非减排序，将满足 $c_{qj} < (1-b)p_j$ 的工件的加工长度依次相加，当工件加工长度之和 SP 大于 D 时，不再继续相加，并记录长度相加的工件 ϑ_q。如果 $C_I - SP \geqslant C^o_{\max}$，则令 $W_q = SP - (a + \Delta c)$；否则，令 $W_q = (C_I - SP) - (a + \Delta c)$。其中，$\Delta c$ 表示工件调整之后服务成本的增加量。M_0 中所有机器进行完以上操作后可得集合 Ω 和 ϑ，如果 $\max\{\Omega\} \geqslant 0$，找出 $\max\{\Omega\}$ 所对应的机器 M_u，将 M_I 上 ϑ_u 中的工件移到 M_u 上，更新 XI、M_0 和 σ_h。执行上述操作 h_0 次。

步骤3.3：M_I 上工件按 c_{lj}/p_j 非增排序，并依次分配给自有机器，当分配的工件加工长度之和大于 $m(C_I-C_{max}^o)/(m+1)$ 时，M_I 上的工件不再继续分配给自有机器，更新 XI，自有机器上的工件按 LPT 规则调度，更新 C_{max}^o 和 σ_h。

步骤4：令已经租赁的机器集合为 M_1，$\sigma_h'=\sigma_h$，$XI'=XI$。如果 $M_1\neq\varnothing$，令 M_1 中完工时间最小的机器为 M_s，其完工时间为 C_s。如果 $C_s>(|M_1|-1)C_{max}^o-\left(\sum\limits_{i\in M_1}C_i-C_s\right)$，则运行步骤5；否则，$\sigma_h'$ 中 M_s 上的工件依次进行以下调整：以 M_s 上工件 J_G 为例，将 $M_1\backslash\{M_s\}$ 中的机器按照 c_{iG} 非减排序，令 $loop=0$，依次判断 J_G 是否可以移到其上加工，以 $M_1\backslash\{M_s\}$ 中的机器 M_L 为例，如果将 J_G 移到 M_L 上，满足 $C_L+p_G\leqslant C_{max}^o$ 且 $c_{LG}<(1-b)p_G$，则将 J_G 移到 M_L 上，计算服务成本增加量 Δc，令 $loop=1$，更新 XI' 和 σ_h'，且无须判断 M_L 之后的其他机器。如果 $loop=0$，令 $\sigma_h'=\sigma_h$，$XI'=XI$，且无需判断 J_G 之后的其他工件。如果 $a-\sum\Delta c>0$，则令 $\sigma_h=\sigma_h'$，$XI=XI'$；否则，令 $\sigma_h'=\sigma_h$，$XI'=XI$。$M_1=M_1\backslash\{M_s\}$，重复以上操作，直到 $M_1=\varnothing$。计算 σ_h 的目标值 Z_h。

步骤5：选择目标值最小的调度方案，并进行局部调整。

步骤5.1：从 Z_0 和 $Z=\{Z_1,Z_2,\cdots,Z_H\}$ 中选择最小目标值对应的调度 σ 和 h。如果 $h=0$，则 $\sigma=\sigma_0$ 为该算法调度结果，目标值为 Z_0；否则，令所有机器的完工时间为 $X=\{C_1,\cdots,C_{m+k}\}$，$c_{ij}'=c_{ij}$，已经租赁的机器集合为 M_1，自有机器上的工件集合为 ϑ_0。

步骤5.2：找出 $\min\limits_{i\in M_1,j\in J_0}c_{ij}'$ 对应的机器 $M_{i'}$ 和工件 $J_{j'}$，如果将工件 $J_{j'}$ 分配给机器 $M_{i'}$，且自有机器上的工件按照 LPT 规则排序，能够使目标值减小，则执行该操作，更新 X 和 ϑ_0；否则，令 $c_{i'j'}'=\sum p_j$。重复步骤5.2，直到 $\forall c_{i'j'}'=\sum p_j$，$i'\in M_1$，$j'\in J_0$ 或者共享机器的最大完工时间大于等于自有机器的最大完工时间。

该启发式算法中，步骤0和步骤1的计算时间为 $O(n\log n)$，步骤2的计算时间为 $O(nk)$，步骤3.1、步骤3.2和步骤3.3的计算时间分别为 $O(nk)$、$O(nk^2)$、$O(n\log n)$，因为步骤3.1至步骤3.3至多运行 k 次，因此步骤3的计算时间为 $\max\{O(nk^3),O(kn\log n)\}$，步骤4的计算时间为 $O(nk^2)$，步骤5的计算时间为 $O(nk)$。由于步骤1至步骤4至多运行 k 次，因此 NSMD-H 的计算时间复杂度为 $\max\{O(nk^4),O(k^2n\log n)\}$。

第四节　数值实验及结果分析

本节通过数值实验分析所提 NSMD-H 算法的性能。数学规划模型和算法均在 Matlab R2014a 上编码，并在个人计算机上执行（Intel Core i7-8550U，8GB 内存，Windows 10 64 位），调用 CPLEX12.5 精确求解整数规划模型。CPLEX 的计算时限设置为 7200 秒（s）。下面依次介绍数据生成和实验结果及分析。

测试算例采用随机生成方式，算例规模如表 4-1 所示。

表 4-1　算例的参数取值范围

参数	取值范围
工件数量 n	20，50，100，200，500，800
自有机器数量 m	2，4，6，8，10
共享机器数量 k	4，8，10
工件加工时间长度 p_j	$U[1, 20]$
共享机器固定租赁成本 a	$U(0, 10]$
共享机器单位可变租赁成本 b	$U[0, 1/m)$
共享服务成本 c_{ij}	$U[0, \lceil p_j \rceil]$

注：$U[x, y]$ 表示 $[x, y]$ 上的均匀分布。

对于上述实例，用 CPLEX、NSMD-H 和 GA 求解，并利用 LPT 规则在自有机器上调度工件，对四种方法所得结果进行对比分析。第三章的问题与本章问题相类似，均考虑了工件在自有机器和外部机器的调度问题，且第三章中的 GA 算法在计算精度方面具有很大优势，因此本节数值实验中的 GA 算法采用了与第三章中 GA 算法相同的个体基因编码表示、变异算子和选择算子。由于通过大量实验发现第三章中的单点交叉算子在该问题中表现不佳，因此，本节中的 GA 算法对父代染色体的后半段采用两点交叉算子，此外，将 NSMD-H 算法的调度结果转换成 GA 算法初始种群的一条染色体，并利用精英保留策略保留每次迭代后具有最大适应度的个体。

针对不同机器数量、工件规模以及共享机器固定租赁成本 a 和单位可变成本 b 取值，共生成 51 组实验。小规模算例和大规模算例的具体运行结果分别见表 4-2 和表 4-3。采用控制变量法对 a 和 b 进行灵敏度分析，即 a 和 b 的变化（其他参数不变）对实验结果的影响，算例结果见表 4-4。列 Z、CPU 和 h 分别记录不同方法的目标值、计算时间［以秒（s）为单位］和租赁机器数量，其中，GA 的结果是运行 5 次后求得的平均值。算法目标值与最优值的相对误差 $gap=(Z-Z^*)/Z^*\times100\%$。由于利用 LPT 规则在自有机器调度时，所有算例的运行时间均小于 0.01，所以表中没有列出 LPT 的运行时间指标。

分析表 4-2 和表 4-3 可以得出如下结论：

（1）当工件数量和机器数量较小时，CPLEX 可以精确求解，且随着算例规模增加，其运算时间有增加的趋势，从 0.65s 增加到 7200s；当工件数量和机器数量较大时，CPLEX 在运算效率方面表现不稳定，对于部分算例，CPLEX 无法在两小时内给出精确解和对应的调度方案，如工件数等于 200、自有机器数等于 6 和共享机器数等于 10，以及工件数量等于 800 等情况。

（2）NSMD-H 算法的计算时间很短，即使对于 800 个工件、自有机器和共享机器数量均为 10 的大规模算例，其运行时间只有 2.02s。NSMD-H 算法在计算精度方面表现良好，其所得目标值与 CPLEX 得到的精确值之间的 gap 值从 0.04% 变化到 7.50%。小规模和大规模算例的平均 gap 值分别为 2.76% 和 1.53%。租赁的共享机器数量与最优调度租赁的机器数量相差不大，二者的最大差值为 2，说明目标值不仅与机器的租赁数量有关，工件的调度安排对目标值也有影响。

（3）GA 算法的计算时间从 6.43s 逐渐增加到 25.15s，运行效率也较高，与 NSMD-H 算法相比，其解的质量改进不大，小规模和大规模算例的平均 gap 值分别为 1.88% 和 1.50%，且租赁的共享机器数量与 GA 算法的相一致。主要原因是，GA 算法随机生成的染色体其解的质量与 NSMD-H 算法的相比差别较大，因此在迭代中得到的更好的解大多仍是对 NSMD-H 算法所得解的局部调整，从而使得目标值变化不明显。因此，也说明 NSMD-H 算法在计算效率和计算精度上表现较好，而 GA 算法没有明显地改进 NSMD-H 算法所得解的质量，而且运行时间增加。

表4-2 小规模算例运行结果

n	m	k	CPLEX			NSMD-H				GA				LPT	
			Z^*	CPU	h^*	Z	CPU	gap	h	Z	CPU	gap	h	Z	gap
20	2	4	109.39	2.33	3	111.34	0.14	1.78	4	109.87	6.43	0.44	4	133.91	22.41
20	2	8	62.52	0.65	6	63.94	0.17	2.27	6	63.35	6.65	1.33	6	105.91	69.39
20	2	10	92.05	0.67	2	93.50	0.15	1.57	2	92.13	7.34	0.09	2	104.58	13.61
20	4	4	44.60	3.41	1	45.28	0.16	1.52	3	45.26	10.39	1.49	3	46.34	3.89
20	4	8	55.89	6.47	0	56.66	0.09	1.38	0	56.38	13.99	0.88	0	56.66	1.38
20	4	10	50.89	0.78	4	51.70	0.17	1.59	4	51.22	11.17	0.65	4	62.80	23.40
50	2	4	144.61	3.48	4	148.22	0.49	2.50	4	147.75	13.63	2.17	4	267.75	85.16
50	2	8	166.37	4.19	5	178.26	0.26	7.14	6	174.16	13.20	4.68	6	296.18	78.02
50	2	10	135.39	1.40	9	140.42	0.34	3.72	8	140.05	11.93	3.44	8	264.36	95.25
50	4	4	106.24	2.12	3	113.33	0.23	6.67	3	110.37	17.45	3.89	3	125.37	18.00
50	4	8	83.80	2.36	8	86.06	0.26	2.69	8	85.81	12.03	2.40	8	124.44	48.49
50	4	10	89.83	7.36	6	96.57	0.32	7.50	6	93.17	12.85	3.72	6	133.80	48.94
100	4	4	275.83	2.07	0	275.94	0.15	0.04	0	275.94	16.05	0.04	0	275.94	0.04
100	4	8	182.79	2.98	7	185.18	0.21	1.31	7	184.95	7.80	1.18	7	274.62	50.24
100	4	10	212.26	10.95	9	215.43	0.26	1.49	9	215.23	8.40	1.40	9	290.05	36.65
100	6	4	166.83	27.35	4	168.24	0.18	0.85	4	168.21	9.20	0.83	4	270.94	62.40
100	6	8	132.82	207.66	7	138.47	0.24	4.25	6	138.25	8.60	4.09	6	173.43	30.57
100	6	10	142.97	9.69	8	144.99	0.25	1.41	8	144.56	8.56	1.11	8	164.35	14.95
平均值			125.28	16.44	4.78	128.53	0.23	2.76	4.89	127.59	10.87	1.88	4.89	176.19	39.04

表4-3 大规模算例运行结果

n	m	k	CPLEX Z*	CPLEX CPU	CPLEX h*	NSMD-H Z	NSMD-H CPU	NSMD-H gap	NSMD-H h	GA Z	GA CPU	GA gap	GA h	LPT Z	LPT gap	LPT h
200	6	4	272.07	9.35	4	276.04	0.26	1.46	4	276.02	11.70	1.45	4	349.87	28.60	4
200	6	8	292.25	24.07	8	297.24	0.35	1.71	8	296.96	10.65	1.61	8	355.80	21.75	8
200	6	10	—	—	—	198.82	0.38	—	10	198.80	9.78	—	10	331.79	—	10
200	8	4	230.63	1126.93	4	233.25	0.29	1.14	4	233.20	11.22	1.12	4	271.50	17.72	4
200	8	8	241.76	6739.49	5	250.41	0.37	3.58	7	250.30	11.67	3.53	7	263.22	8.88	7
200	8	10	—	—	—	194.88	0.37	—	10	194.88	10.69	—	10	259.48	—	10
500	8	4	576.97	147.11	4	579.68	0.84	0.47	4	579.44	18.20	0.43	4	658.87	14.20	4
500	8	8	—	—	—	667.66	0.97	—	8	667.48	18.25	—	8	670.36	—	8
500	8	10	500.11	1921.60	10	505.61	0.86	1.10	10	505.54	15.91	1.09	10	658.66	31.70	10
500	10	4	—	—	—	450.83	0.89	—	4	450.83	17.87	—	4	515.71	—	4
500	10	8	429.16	173.67	8	434.65	0.49	1.28	8	434.56	17.37	1.26	8	529.86	23.46	8
500	10	10	—	—	—	460.50	0.99	—	10	460.38	16.88	—	10	519.11	—	10
800	10	4	—	—	—	742.75	2.26	—	4	742.75	25.15	—	4	842.93	—	4
800	10	8	—	—	—	662.09	1.97	—	8	662.06	21.82	—	8	801.92	—	8
800	10	10	—	—	—	713.75	2.02	—	10	713.24	22.67	—	10	825.33	—	10
平均值			363.28	1448.89	6.14	444.54	0.89	1.53	7.27	444.43	15.99	1.50	7.27	523.63	20.90	7.27

注："—"表示算例在两小时内未运行出精确解。

表 4-4 a、b 不同取值下的算例结果

n	m	k	a	b	CPLEX			NSMD-H				GA				LPT	
					Z^*	CPU	h^*	Z	CPU	gap	h	Z	CPU	gap	h	Z	gap
50	4	8	0.5	0.01	71.66	2.38	8	75.56	0.19	5.45	7	74.65	7.34	4.17	7	129.23	80.35
50	4	8	0.5	0.05	84.58	4.43	7	86.67	0.18	2.47	7	86.13	7.58	1.83	7	129.23	52.79
50	4	8	0.5	0.1	99.68	4.24	7	101.07	0.18	1.40	7	100.48	8.26	0.80	7	129.23	29.64
50	4	8	2.0	0.01	82.42	2.71	6	85.03	0.19	3.17	6	84.16	7.74	2.12	6	129.23	56.80
50	4	8	2.0	0.05	94.93	1.95	6	96.14	0.21	1.27	6	95.47	8.18	0.57	6	129.23	36.13
50	4	8	2.0	0.1	105.39	1.75	6	110.54	0.20	1.06	6	109.69	7.72	0.28	6	129.23	18.14
50	4	8	5.0	0.01	99.57	5.07	5	103.03	0.17	3.48	6	102.31	7.93	2.76	6	129.23	29.79
50	4	8	5.0	0.05	110.44	5.78	4	114.14	0.18	3.35	6	113.58	8.97	2.84	6	129.23	17.01
50	4	8	5.0	0.1	121.55	2.39	3	127.22	0.14	4.66	5	125.15	9.54	2.96	5	129.23	6.32
200	6	10	0.5	0.01	186.28	2628.48	10	194.99	0.36	4.67	10	193.16	10.79	3.69	10	341.28	83.21
200	6	10	0.5	0.05	—	—	—	242.31	0.34	—	10	240.24	11.28	—	10	341.28	—
200	6	10	0.5	0.1	297.03	64.29	10	298.39	0.44	0.46	10	297.43	11.56	0.14	10	341.28	14.90
200	6	10	2.0	0.01	201.29	141.02	10	209.99	0.37	4.32	10	209.47	10.85	4.06	10	341.28	69.54
200	6	10	2.0	0.05	251.18	36.56	10	257.31	0.35	2.44	10	254.53	10.65	1.33	10	341.28	35.87
200	6	10	2.0	0.1	311.01	22.40	8	313.39	0.45	0.77	10	312.47	11.11	0.47	10	341.28	9.73
200	6	10	5.0	0.01	230.27	357.82	9	238.25	0.36	3.47	9	237.05	13.12	2.95	9	341.28	48.21
200	6	10	5.0	0.05	278.83	25.64	8	285.57	0.37	2.42	9	283.71	11.17	1.75	9	341.28	22.40
200	6	10	5.0	0.1	330.15	36.87	5	341.28	0.24	3.37	0	341.25	20.14	3.36	0	341.28	3.37
平均值					174.13	196.68	7.24	182.27	0.27	2.84	7.44	181.16	10.22	2.12	7.44	235.26	36.13

（4）LPT 规则不考虑租赁机器，仅在自有机器上调度工件，虽然计算时间很小（不超过 0.01s），但与最优调度的偏差较大，算例中的最大偏差为 95.25%。

分析表 4-4 可以得出如下结论：

（1）其他参数保持不变，固定租赁成本 a 越大，目标值越大，租赁的共享机器数量逐渐减少；单位可变租赁成本 b 的规律与 a 的相同。

（2）与分析表 4-2 和表 4-3 得出的结论相同，CPLEX 在计算效率方面表现不稳定，从 1.75s 增加到 7200s，参数 a、b 的取值对 CPLEX 的计算时间有较大影响，且没有规律可循。

（3）NSMD-H 算法和 GA 算法的计算效率较高，且不受 a、b 取值的影响，平均计算时间分别为 0.27s 和 10.22s，算法计算精度较高，平均偏差分别为 2.84% 和 2.12%。

（4）将所有工件按照 LPT 规则在自有机器上调度，其目标值与 a、b 的取值无关，但与最优值的偏差关系较明显，尤其对于共享机器租赁成本较小且机器最优租赁数量较大的情形，如表中第 1 个和第 10 个算例等。前文提到，当参数 n、a、b 和 c_{ij} 取极端值时，该偏差是无界的。

综上所述，算法 NSMD-H 和 GA 能较好地求解该问题，而且随着问题规模的增加，二者仍能保持较高的计算精度和求解效率。两个算法在计算精度方面相差不大，但算法 NSMD-H 的计算效率更高，能够满足实际生产对解质量和计算效率的要求。

研究该机器共享调度问题的初衷是为企业管理者租赁共享机器并安排工件生产计划提供理论依据。通过对问题的建模与性质分析，以及算法的设计和问题求解，可以为企业决策者提出以下管理启示以供参考：

（1）机器的租赁和调度结果受多种因素影响，企业需要综合考虑自身生产条件（自有机器数量）、待加工工件情况（工件个数、加工长度）、企业生产目标以及外部机器成本（机器固定租赁成本、单位可变成本、共享服务成本）等多种因素。

（2）企业可以利用所提模型和算法确定共享机器租赁数量以及安排工件在自有机器和共享机器上的次序，从而在减少工件最大完工时间（顾客等待时间）的同时优化企业共享成本。对于小规模问题，可以利用模型求解精确值；对于大规模问题，可以利用所提算法求解近优值，从而辅助决策。

本章小结

本章结合制造企业实际生产中租赁共享机器的情形，研究了一个考虑机器租赁成本和共享服务成本的同型机离线调度问题。拥有一定数量同型机的制造商，可以租赁外部机器加工工件，同时需要支付共享机器的固定租赁成本、单位可变租赁成本以及与工件—机器相关的共享服务成本。该问题的优化目标是实现最大完工时间与总共享成本之和最小化。为了解决该问题，本章首先构建了一个整数规划模型，然后分析了最优调度不租赁机器的情形和租赁机器时最优租赁数量的范围，基于问题性质提出了 NSMD-H 算法，并通过数据实验验证了所提模型可以精确求解小规模算例，NSMD-H 算法对小规模和大规模算例均能较快得到近优解。

第五章 考虑机器租赁折扣的
同型机离线调度问题

第四章考虑了共享平台提供的共享同型机具有固定租赁成本和单位可变租赁成本，且不同的工件和共享机器组合具有不同的共享服务成本。本章主要考虑共享机器具有固定租赁成本、单位可变租赁成本以及单位可变租赁成本折扣的同型机调度问题。在生产实践中，共享平台为了鼓励制造商租赁更多的机器或使用租赁机器的时间更长，会提供较有吸引力的折扣政策，进而提升共享资源的利用率和平台收益。制造商需要决定租赁共享机器的数量以及工件在自有机器和共享机器上的分配方案，以权衡顾客的满意度（顾客的最长等待时间，即工件完工时间）和机器的租赁成本。因此，本章将在考虑共享机器租赁成本的基础上，探讨具有租赁成本折扣因素的同型机离线调度问题，分析工件加工长度相同和不等两种情形。

本章的基本框架如下：第一，将该问题刻画为调度优化问题并构建数学模型；第二，分析工件加工长度相同的情形，给出相关性质，并设计精确算法；第三，对于工件加工长度不等的情形，分析问题的下界，设计近似算法，并证明其近似比为4/3；第四，通过实验检验算法的有效性。

第一节 问题描述和数学规划模型

一、问题描述

在共享制造环境下，产能不足的制造商在共享平台上租赁共享机器的现象较为普遍，即制造商在使用自有机器加工工件的同时也可以租赁外部机器进行加工。因此，假定在给定的同型机集合 $M = \{M_i \mid i = 1, 2, \cdots, m+k\}$ 中，有 $m+k$ 台同型机，其中 $m(m \geq 2)$ 表示制造商所拥有的机器数量，$k(k \geq 2)$ 表示共享平台上可以租赁的共享机器数量。给定工件集 $J = \{J_j \mid j = 1, 2, \cdots, n\}$，用 p_j 表示工件 J_j 的加工时间，$p_j > 0$ 为正整数。假定对任意工件 J_j，制造商可以选择用自己的机器加工，也可以租赁外部机器加工，制造商不考虑自有机器的使用成本，但在租赁共享机器时，需要支付共享机器的固定租赁成本 $a(a \geq 1)$ 和单位可变租赁成本 $b(0 \leq b < 1)$。在生产实践中，共享平台为了鼓励制造商租赁更多的机器或使用租赁机器的时间更长，会提供较有吸引力的折扣政策，折扣政策通常与租赁数量、时间长度、总成本、季节（旺季或淡季）有关。这里考虑与租赁时间长度有关的固定折扣时点政策，具体而言，当一台共享机器的总租赁时间 $C_i(m+1 \leq i \leq m+k)$（即机器 M_i 的完工时间）达到折扣时点 μ（$\mu > 1$，为正整数）时，超出折扣时点 μ 的部分单位变动成本为 βb，其中 $\beta(0 < \beta \leq 1)$ 为折扣系数，因此，租赁成本与机器使用时间有关，可以看作是以计时方式租赁共享机器。共享平台设置折扣时点 μ 的现实意义在于鼓励制造商增加已租赁机器的使用时长，并在一定程度上增加共享平台空闲机器数量，以便租赁给其他制造商，从而获得更多收益，而制造商利用了租赁折扣后可以节省生产成本，该设置可使共享平台和制造商双方获利。当 $0 < C_i \leq \mu(m+1 \leq i \leq m+k)$ 时，机器 M_i 的租赁成本为 $R_i = a + bC_i$；当 $C_i > \mu(m+1 \leq i \leq m+k)$ 时，机器 M_i 的租赁成本为 $R_i = a + b\mu + \beta b(C_i - \mu)$。

不失一般性地，假定一个工件在同一时刻只能被一台机器加工，并且每台机器在同一时刻只能加工一个工件，工件不允许中断。用 σ 表示某一可行调度方案，本章研究的问题是找到最优的调度方案 σ^*，使机器的最大完工时间与租赁成本之和最小化。用三参数表示法可表示为 $P_{m+k} \parallel C_{\max} + \sum R_i$，其中 P_{m+k} 表示同型机，$C_{\max}$ 表示机器的最大完工时间。如果 $a \to \infty$，则退化为 $P \parallel C_{\max}$ 问题，由于经典 $P \parallel C_{\max}$ 是强 NP 难问题（Hu 等，2017），因此，本章的问题也是强 NP 难问题。

二、模型构建

本小节主要建立考虑机器固定租赁成本和单位可变租赁成本及其折扣的同型

机调度模型。在建立数学模型之前，首先介绍输入参数和决策变量，表 5-1 给出了相关符号的定义及说明。

表 5-1　相关符号的定义及说明

符号	定义
M_i	第 i 台机器
a	共享机器的固定租赁成本
A_i	A 表示所有机器固定租赁成本集合，即前 m 个元素等于 0，后 k 个元素等于 a，A_i 是 A 的第 i 个元素
b	共享机器的单位可变租赁成本（处理每单位时间工件的租赁成本）
B_i	B 表示所有机器单位可变租赁成本集合，即前 m 个元素等于 0，后 k 个元素等于 b，B_i 是 B 的第 i 个元素
μ	共享机器的租赁折扣开始时点
β	单位租赁成本的折扣系数
L	足够大的正数，取 $L=\sum\limits_{j=1}^{n}p_j$
p_j	工件 J_j 的加工时间长度
C_i	机器 M_i 的完工时间
$C_{\max}$	机器的最大完工时间
g_i	如果机器 M_i 的完工时间满足 $0<C_i\leqslant\mu$，则为 C_i；否则为 0
h_i	0-1 变量，如果机器 M_i 的完工时间满足 $C_i\leqslant\mu$，则为 1；否则为 0
α_i	0-1 变量，如果机器 M_i 被使用，则为 1；否则为 0
x_{ij}	0-1 变量，如果工件 J_j 在机器 M_i 上加工，则为 1；否则为 0

模型［P5-1］：整数线性规划模型

目标函数：

$$Z = C_{\max} + \sum_{i=1}^{m+k} R_i \tag{5.1}$$

约束条件：

$$R_i = A_i\alpha_i + B_i\left[(1-\beta)g_i + (1-\beta)(1-h_i)\mu + \beta C_i\right], \quad i=1,\cdots,m+k \tag{5.2}$$

$$g_i \leqslant Lh_i, \quad i=1,\cdots,m+k \tag{5.3}$$

$$g_i \leqslant C_i, \quad i=1, \cdots, m+k \tag{5.4}$$

$$g_i \geqslant C_i - L(1-h_i), \quad i=1, \cdots, m+k \tag{5.5}$$

$$x_{ij} \leqslant \alpha_i, \quad i=1, \cdots, m+k; \quad j=1, \cdots, n \tag{5.6}$$

$$\sum_{i=1}^{m+k} x_{ij} = 1, \quad j=1, \cdots, n \tag{5.7}$$

$$C_i = \sum_{j=1}^{n} p_j x_{ij}, \quad i=1, \cdots, m+k \tag{5.8}$$

$$C_i \leqslant C_{\max}, \quad i=1, \cdots, m+k \tag{5.9}$$

$$C_i, \ g_i, \ C_{\max} \geqslant 0, \quad i=1, \cdots, m+k \tag{5.10}$$

$$x_{ij}, \ h_i, \ \alpha_i \in \{0, 1\}, \quad i=1, \cdots, m+k; \quad l=1, \cdots, n; \quad j=1, \cdots, n \tag{5.11}$$

约束（5.1）表示规划模型的目标函数为最小化最大完工时间与机器租赁成本之和。约束（5.2）表示机器 M_i 的租赁成本 $R_i = A_i\alpha_i + B_iC_ih_i + (1-h_i)[b\mu + \beta b(C_i-\mu)]$，即当使用自有机器 $M_i(1 \leqslant i \leqslant m)$ 加工工件时，租赁成本 $R_i = 0$；当使用共享机器 $M_i(m+1 \leqslant i \leqslant m+k)$ 加工工件时，若租赁时长小于 μ，则 $h_i = 1$，租赁成本 $R_i = a+bC_i$，否则，$h_i = 0$，$R_i = a+b\mu+\beta b(C_i-\mu)$；为了将该表达式线性化，令 $g_i = h_iC_i$，经整理可得约束（5.2）。约束（5.3）~约束（5.5）是 $g_i = h_iC_i$ 的线性化结果，表示变量 g_i、h_i、C_i 的相互关系，即如果共享机器 M_i 的完工时间不大于折扣点，则 $h_i = 1$，$g_i = C_i$；否则，$g_i = h_i = 0$。约束（5.6）表示变量 α_i 和 x_{ij} 的关系，只有被使用的机器才安排工件。约束（5.7）确保每个工件必须被安排在某台机器上。约束（5.8）定义了机器 M_i 的完工时间。约束（5.9）表示机器 M_i 的完工时间 C_i 不大于机器的最大完工时间 $C_{\max}$。约束（5.10）和约束（5.11）表示决策变量的取值范围。

第二节　工件加工长度相同的情形

本节首先讨论工件加工长度相同的情形。显然，该情形是工件加工长度不等情形的特例，其相关结论是解决原问题的基础。首先分析问题的性质，然后根据相关性质设计精确算法。

一、问题性质分析

当所有工件的加工长度相同时，即 $\forall p_j = p$，$j = 1$，2，$\cdots$，n，由于所有工件的加工时间长度都相等，所以问题的目标值与工件调度中的工件次序无关，只需确定每台机器上分配的工件数量，则有以下结论成立。

性质 5.1 存在最优调度 σ^*，当 σ^* 不租赁共享机器加工工件时，m 台自有机器上分配的工件数量为 $\lceil n/m \rceil$ 或 $\lceil n/m \rceil - 1$；当 σ^* 租赁 $1 \leqslant h \leqslant k$ 台共享机器时，假设第 M_{m+h} 台机器上分配的工件个数为 n'，则其余 $m+h-1$ 台机器上分配的工件个数为 $(n-n')/(m+h-1)$ 且 $(n-n') \bmod (m+h-1) = 0$。

证明：

（1）当不租赁机器时，很明显在 m 台机器上平分工件，即每台机器上工件个数为 $\lceil n/m \rceil$ 或 $\lceil n/m \rceil - 1$ 时，$C_{\max} = \lceil n/m \rceil p$ 最小，$\sum R$ 为 0。

（2）当租赁 $h \leqslant k$ 台共享机器时，易得共享机器的最大完工时间小于等于自有机器的最大完工时间。

1）假设 m 台自有机器上分配的工件数量不相等，即假设存在机器 M_1 上工件数量 n_1 比机器 M_2 上工件数量 n_2 多 1，将 M_{m+h} 上的最后一个工件移到 M_2 上，则目标值中 $C_{\max}$ 不变，租赁成本将至少减少 $b\beta p$，因此，m 台自有机器上分配的工件数量应相等。

2）假设除共享机器 M_{m+h} 外，其余租赁的共享机器上工件个数与 m 台自有机器上分配的工件数量不相等，即假设存在 M_{m+1} 上工件数量 n_{m+1} 比 M_1 上工件数量 n_1 少 1，将机器 M_{m+h} 上的最后一个工件移到 M_{m+1} 上，则目标值中 $C_{\max}$ 不变，$\sum R$ 不变或至少减少 $(1-\beta)bp$。因此，除机器 M_{m+h} 外，其余 M_1，$\cdots$，M_{m+h-1} 机器上工件数量均相等。

综上所述，假设租赁 $h \leqslant k$ 台机器且第 M_{m+h} 台机器上分配的工件个数为 n'，其余 $m+h-1$ 台机器上分配的工件个数为 $(n-n')/(m+h-1)$ 且 $(n-n') \bmod (m+h-1) = 0$。证毕。

根据性质 5.1 可以确定最优调度 σ^* 在不租赁共享机器时的调度方案以及在租赁共享机器时每台机器所分配工件数量与租赁机器数量的关系。根据性质 5.1，当最优调度租赁 h 台共享机器时，第 M_{m+h} 台机器上分配的工件个数为 n'，

其余 $m+h-1$ 台机器上分配的工件个数为 $(n-n')/(m+h-1)$，其中 n' 尚未确定，但当 $\forall p_j=1$，$j=1$，2，$\cdots$，n 时，可以得出 n' 的值，以及第 M_{m+h} 台机器上分配工件数量、折扣点 μ、单位可变租赁成本 b、折扣系数 β、制造商自有机器数量 m 之间的关系。性质 5.2 和性质 5.3 分析了 $\forall p_j=1(j=1$，2，$\cdots$，$n)$ 的特殊情形。

性质 5.2 当 $\forall p_j=1$，$j=1$，2，$\cdots$，n，假设最优调度 σ^* 租赁 $1\leq h\leq k$ 台机器，则 σ^* 满足机器 M_1，$\cdots$，M_{m+h-1} 上分别分配 $\lceil n/(m+h)\rceil$ 个工件，第 M_{m+h} 台机器上分配 $n-\lceil n/(m+h)\rceil(m+h-1)$ 个工件。

证明： 根据性质 5.1，假设第 M_{m+h} 台机器上分配 n' 个工件，其余 $m+h-1$ 台机器上分配 $(n-n')/(m+h-1)$ 个工件。

首先，证明 $n'\leq n-\lceil n/(m+h)\rceil(m+h-1)$。

当 $n'=n-\lceil n/(m+h)\rceil(m+h-1)$ 时，其余 $m+h-1$ 台机器上的工件个数为 $(n-n')/(m+h-1)=\lceil n/(m+h)\rceil$。如果分别将机器 M_1，$\cdots$，M_{m+h-1} 上的最后一个工件移到 M_{m+h} 上，则 $C_i=\lceil n/(m+h)\rceil-1$，其中 $i\in\{1$，$\cdots$，$m+h-1\}$，$C_{m+h}=n-\lceil n/(m+h)\rceil(m+h-1)+(m+h-1)=n-\lceil n/(m+h)-1\rceil(m+h)+\lceil n/(m+h)\rceil1>C_i=\lceil n/(m+h)\rceil-1$，所以 $C_{m+h}\geq\lceil n/(m+h)\rceil$，此时 $C_{\max}$ 至少增加 0，$\sum R$ 至少增加 $b\beta m$，因此 $1\leq n'\leq n-\lceil n/(m+h)\rceil(m+h-1)$。

其次，证明 $n'=n-\lceil n/(m+h)\rceil(m+h-1)$。

(1) 当 $(n-n')/(m+h-1)\leq\mu$ 时，所有租赁机器的完工时间均未超过折扣点，此时，目标值为 $Z=(n-n')/(m+h-1)+ah+(h-1)b(n-n')/(m+h-1)+n'b$，$\partial Z/\partial n'=(bm-1)/(m+h-1)$。①当 $bm-1\leq 0$ 时，Z 在 $[1$，$n-\lceil n/(m+h)\rceil(m+h-1)]$ 上是减函数，即 $n'=1$ 时 Z 最优，将 M_{m+h} 上的工件移到 M_1 上，$C_{\max}$ 增加 1，$\sum R$ 减少 $a+b>1$，因此，租赁 h 台机器不是最优调度，与假设相矛盾。②当 $bm-1>0$ 时，Z 在 $[1$，$n-\lceil n/(m+h)\rceil(m+h-1)]$ 上是增函数，即 $n'=n-\lceil n/(m+h)\rceil(m+h-1)$ 时 Z 最优。

(2) 当 $n'\leq\mu$ 且 $(n-n')/(m+h-1)>\mu$ 时，除 M_{m+h} 外，其他租赁的机器均达到了折扣点，此时目标值为 $Z-(n-n')/(m+h-1)+ah+(h-1)\mu b+n'b+[(n-n')/(m+h-1)-\mu](h-1)b\beta$。$\partial Z/\partial n'=(b\beta+bm+bh-b-b\beta m-1)/(m+h-1)$。①当 $b\beta+bm+bh-b-b\beta m-1\leq 0$ 时，与 (1) ①同理，租赁 h 台机器不是最优调度，与假设相矛盾。②当 $b\beta+bm+bh-b-b\beta m-1>0$ 时，$n'=n-\lceil n/(m+h)\rceil(m+h-1)$ 时 Z

最优。

（3）当 $n'>\mu$ 时，所有租赁机器的完工时间均超过了折扣点，此时，目标值为 $Z=(n-n')/(m+h-1)+ah+h\mu b+[(n-n')/(m+h-1)-\mu](h-1)b\beta+(n'-\mu)b\beta$，$\partial Z/\partial n'=(b\beta m-1)/(m+h-1)$。①当 $b\beta m-1\leqslant0$ 时，Z 在 $[\mu+1,\ n-\lceil n/(m+h)\rceil(m+h-1)]$ 上是减函数，即 $n'=\mu+1$ 时 Z 最优，当 $n'=\mu+1$ 时，$M_1,\cdots,M_{m+h-1}$ 上的工件个数为 $(n-\mu-1)/(m+h-1)$，假设 $\mu+1<n-\lceil n/(m+h)\rceil(m+h-1)$，分别将机器 $M_1,\cdots,M_{m+h-1}$ 上的最后一个工件移到 M_{m+h} 上，$C_{\max}$ 减少 1，$\sum R$ 增加 $b\beta m\leqslant1$，因此当 $\mu+1<n-\lceil n/(m+h)\rceil(m+h-1)$ 时不是最优调度。②当 $b\beta m-1>0$ 时，$n'=n-\lceil n/(m+h)\rceil(m+h-1)$ 时 Z 最优。证毕。

性质 5.3 当 $\forall p_j=1$，$j=1,2,\cdots,n$，假设最优调度 σ^* 租赁 $1\leqslant h\leqslant k$ 台机器，则 σ^* 满足 $n-\lceil n/(m+h)\rceil(m+h-1)\leqslant\mu$ 时，$bm<1$，$n-\lceil n/(m+h)\rceil(m+h-1)>\mu$ 时，$bm\beta<1$。

证明： 反证法。由性质 5.2 可知，最优调度 σ^* 满足机器 $M_1,\cdots,M_{m+h-1}$ 上分别分配 $\lceil n/(m+h)\rceil$ 个工件，第 M_{m+h} 台机器上分配 $n-\lceil n/(m+h)\rceil(m+h-1)$ 个工件。

（1）当 $n-\lceil n/(m+h)\rceil(m+h-1)\leqslant\mu$ 时，假设 $bm\geqslant1$，若 $n-\lceil n/(m+h)\rceil(m+h-1)\geqslant m$，将第 M_{m+h} 台机器上的 m 个工件平均分配给机器 $M_1,\cdots,M_m$，$C_{\max}$ 增加 1，$\sum R$ 至少减少 $bm>1$，这与 σ^* 是最优调度相矛盾；若 $n-\lceil n/(m+h)\rceil(m+h-1)<m$，将第 M_{m+h} 台机器上的全部工件平均分配给机器 $M_1,\cdots,M_{n-\lceil n/(m+h)\rceil(m+h-1)}$，$C_{\max}$ 增加 1，$\sum R$ 至少减少 $a\geqslant1$，这与 σ^* 是最优调度相矛盾。因此，假设不成立，即当 $n-\lceil n/(m+h)\rceil(m+h-1)\leqslant\mu$ 时，$bm<1$。

（2）当 $n-\lceil n/(m+h)\rceil(m+h-1)>\mu$ 时，假设 $bm\beta\geqslant1$，若 $n-\lceil n/(m+h)\rceil(m+h-1)\geqslant m$，将第 M_{m+h} 台机器上的 m 个工件平均分配给机器 $M_1,\cdots,M_m$，$C_{\max}$ 增加 1，$\sum R$ 至少减少 $bm\beta>1$，这与 σ^* 是最优调度相矛盾；若 $n-\lceil n/(m+h)\rceil(m+h-1)<m$，将第 M_{m+h} 台机器上的全部工件平均分配给机器 $M_1,\cdots,M_{n-\lceil n/(m+h)\rceil(m+h-1)}$，$C_{\max}$ 增加 1，$\sum R$ 至少减少 $a\geqslant1$，这与 σ^* 是最优调度相矛盾。因此，假设不成立，即当 $n-\lceil n/(m+h)\rceil(m+h-1)>\mu$ 时，$bm\beta<1$。证毕。

二、精确算法设计

为解决 $P_{m+k} \mid p_j = p \mid C_{\max} + \sum R_i$ 问题，结合上述性质，本章设计了一个可求出最优解的精确算法（算法 IPMS-RD-AA）。由性质 5.1 可得，当最优调度租赁共享机器时，只需要确定租赁共享机器的个数 h 和第 M_{m+h} 台机器上分配的工件个数，即可得到最优调度方案。因此，首先给出租赁共享机器个数 $1 \leqslant h \leqslant k$ 与第 M_{m+h} 台机器上工件个数的所有可能组合的目标值（第 1~17 行），该步骤的时间复杂度为 $O(kn/(m+1))$。当不需要租赁机器时，目标值为 $p\lceil n/m \rceil$，机器租赁数量和第 M_{m+h} 台机器上工件个数均为 0（第 18 行）。从以上结果中选择目标值最小的方案即为最优调度方案（第 19 行）。综上所述，该算法的时间复杂度为 $O(kn/(m+1))$。

算法 IPMS-RD-AA

输入：n, m, k, p, a, b, μ, β

输出：Zz, Xx, Hh

1: $Z = \varnothing$, $H = \varnothing$, $X = \varnothing$,

2: **for** $h = 1$：k **do**

3:     **for** $x = 1$：$n/(m+h)$ **do**

4:         **if** $(n-x) \bmod (m+h-1) = 0$ **then**

5:             **if** $p(n-x) \leqslant \mu(m+h-1)$ **then**

6:             $z = p(n-x)/(m+h-1) + ah + pb(h-1)(n-x)/(m+h-1) + xpb$

7:             **end if**

8:             **if** $p(n-x) > \mu(m+h-1)$ 且 $px \leqslant \mu$ **then**

9:             $z = p(n-x)/(m+h-1) + ah + \mu b(h-1) + (h-1)[p(n-x)/(m+h-1) - \mu]b\beta + xpb$

10:             **end if**

11:             **if** $px > \mu$ **then**

12:             $z = p(n-x)/(m+h-1) + ah + \mu bh + (h-1)[p(n-x)/(m+h-1) - \mu]b\beta + (xp - \mu)b\beta$

13:             **end if**

14:             $Z = Z \cup \{z\}$, $X = X \cup \{x\}$, $H = H \cup \{h\}$

15:         **end if**

16:     **end for**

算法 IPMS-RD-AA

17：**end for**

18：$Z=Z\cup\{p\lceil n/m\rceil\}$，$X=X\cup\{0\}$，$H=H\cup\{0\}$

19：令 Zz 为 Z 中最小值，即为问题的最优解；找出 Z 中最小值所在的位置 w，令 H 中 w 位置的数值为 Hh，即最优调度中租赁的机器数量；令 X 中 w 位置的数值为 Xx，即最优调度中第 M_{m+h} 台机器上工件的数量。

第三节　工件加工长度不等的情形

在制造实践中经常需要生产众多同质工件，如通用设备、电子设备、生活用品等，其加工时间长度相同，而随着个性化需求的不断提高，加工时间长度不等的异质工件的生产规模也不断扩大，如专用设备、纺织服装、饰品等。从问题分析角度来看，工件长度不等的情形更具一般性，而工件长度相同的情形则是前者分析的基础。可以分析得出，若将长度不等的工件分割成所有长度都相同的小工件，则其调度结果是前者问题解的下界。基于此，本节探讨工件加工时间长度不等的情形，首先给出问题的下界，然后提出一个近似算法，并证明此算法的近似比为4/3。

一、最优解下界分析

分析所有工件加工长度不等情形的主要思路涉及两个方面：一方面是确定共享机器的租赁数量，另一方面则是考虑工件的排序问题。已有学者证明 LPT 调度的最大完工时间解是目标为最小化最大完工时间同型机调度问题最优解的一个上界，具体表达式为 $C^{LPT}\leqslant\left(\dfrac{4}{3}-\dfrac{1}{3m}\right)C_{\max}^{*}$，其中，$C^{LPT}$ 是 LPT 调度的最大完工时间，$C_{\max}^{*}$ 是最优调度的最大完工时间（Graham，1969）。因此，以 LPT 规则为基础制定该问题调度方案是一种较好的方法。

性质 5.4　当所有工件按照 LPT 规则在 m 台自有机器上分配工件时，若

$C_{\max} = \max_{j=1}^{n}\{p_j\}$，则最优调度不租赁共享机器，且该调度为最优调度。

由于原问题的 NP 难特性，难以在多项式时间内获得最优解，因此本节首先为其提供一个下界用于衡量解的精确度。由性质 5.4 可知，所有工件按照 LPT 规则分配在所有自有机器上，当 $C_{\max} = \max_{j=1}^{n}\{p_j\}$ 时，最优目标值为 $Z^* = \max_{j=1}^{n}\{p_j\}$；否则，令 $N = \sum_{j=1}^{n} p_j$，则 N 个加工时间长度为 1 的工件的最优调度结果是工件加工时间长度任意的原问题的下界。定理 5.1 对目标值下界进行了探讨。

定理 5.1 针对 $P_{m+k} \| C_{\max} + \sum R_i$ 问题的最优调度方案 σ^*，若所有工件按照 LPT 规则分配在 m 台自有机器上且 $C_{\max} = \max_{j=1}^{n}\{p_j\}$，则 $Z^* = \max_{j=1}^{n}\{p_j\}$；否则，$Z^* \geq \min\{Z_1, Z_2, Z_3, Z_4\}$。$Z_1 = \min N(1-bm)/(m+h_1) + ah_1 + Nb$，其中，$1-bm>0$，$h_1 \in \left\{ 1, \lceil \sqrt{N(1-bm)/a} \rceil - m, \lfloor \sqrt{N(1-bm)/a} \rfloor - m, k \mid 1 \leq \sqrt{N(1-bm)/a} - m \leq k \right\}$；$Z_2 = \min N(1+b+b\beta h_2 - b\beta)/(m+h_2) + h_2(a+\mu b + b - \mu b\beta) - \mu b + \mu b\beta$，其中，$1-b\beta m > 0$，

$$h_2 \in \left\{ 1, \left\lceil \sqrt{\frac{N(1+b-b\beta m - b\beta)}{a+\mu b - \mu b\beta}} \right\rceil - m, \left\lfloor \sqrt{\frac{N(1+b-b\beta m - b\beta)}{a+\mu b - \mu b\beta}} \right\rfloor - m, k \mid 1 \leq \right.$$

$$\left. \sqrt{\frac{N(1+b-b\beta m - b\beta)}{a+\mu b - \mu b\beta}} - m \leq k \right\}; \quad Z_3 = \min N(1-b\beta m)/(m+h_3) + h_3(a+\mu b - \mu b\beta) + b\beta N,$$

其中，$1-b\beta m > 0$，$h_3 \in \left\{ 1, \left\lceil \sqrt{\frac{N(1-b\beta m)}{a+\mu b - \mu b\beta}} \right\rceil - m, \left\lfloor \sqrt{\frac{N(1-b\beta m)}{a+\mu b - \mu b\beta}} \right\rfloor - m, k \mid 1 \leq \right.$

$$\left. \sqrt{\frac{N(1-b\beta m)}{a+\mu b - \mu b\beta}} - m \leq k \right\}; \quad Z_4 = N/m, \quad h_4 = 0; \quad N = \sum_{j=1}^{n} p_j \circ$$

证明： 由性质 5.4 可知，当不租赁机器且 $C_{\max} = \max_{j=1}^{n}\{p_j\}$ 时，$Z^* = C_{\max}$；否则，将所有工件分割成加工时间长度为 1 的工件，则 $N = \sum_{j=1}^{n} p_j$ 个加工时间长度为 1 的工件的最优调度结果是原问题调度结果的下界。调度方案可以大致分为两种情形，要么由自有机器加工，要么由租赁机器进行加工。

情形 1 假设租赁机器，由性质 5.2 可知，最优调度 σ^* 在机器 M_1，$\cdots$，M_{m+h-1} 上分别分配 $\lceil N/(m+h) \rceil$ 个工件，在第 M_{m+h} 台机器上分配 $N - \lceil N/(m+h) \rceil(m+h-1)$ 个工件。因此，根据 $\lceil N/(m+h) \rceil$、$N - \lceil N/(m+h) \rceil(m+h-1)$ 和 μ 的大小关系，考虑以下三个情形：

（1）$\lceil N/(m+h_1)\rceil \leqslant \mu$。

$$Z_1 = \lceil N/(m+h_1)\rceil + ah_1 + \lceil N/(m+h_1)\rceil(h_1-1)b + [N-\lceil N/(m+h_1)\rceil(m+h_1-1)]b$$

$$= \lceil N/(m+h_1)\rceil(1-bm) + ah_1 + Nb$$

由性质 5.3 可知，$1-bm>0$，因此，$Z_1 = \lceil N/(m+h_1)\rceil(1-bm) + ah_1 + Nb \geqslant N(1-bm)/(m+h_1) + ah_1 + Nb$，$\partial Z_1/\partial h_1 = a + N(bm-1)/(m+h_1)^2$，$\partial^2 Z_1/\partial h_1^2 = 2N(1-bm)/(m+h_1)^3$。当 $a+N(bm-1)/(m+1)^2 \geqslant 0$ 时，Z_1 在区间 $[1,k]$ 上是增函数，$h_1=1$ 时 Z_1 取到最小值；当 $a+N(bm-1)/(m+1)^2<0$ 且 $a+N(bm-1)/(m+k)^2>0$ 时，如果 $1\leqslant \sqrt{N(1-bm)/a}-m \leqslant k$ 则 Z_1 在 $h_1=\sqrt{N(1-bm)/a}-m$ 处取得最小值，如果 $\sqrt{N(1-bm)/a}-m\leqslant 1$ 则 Z_1 在 $h_1=1$ 处取得最小值，$k\leqslant \sqrt{N(1-bm)/a}-m$ 则 Z_1 在 $h_1=k$ 处取得最小值；当 $a+N(bm-1)/(m+k)^2\leqslant 0$ 时，Z_1 在区间 $[1,k]$ 上是减函数，$h_1=k$ 时 Z_1 取得最小值。因此，$Z_1 = \min N(1-bm)/(m+h_1) + ah_1 + Nb$，$h_1 \in \{1, \lceil\sqrt{N(1-bm)/a}\rceil-m, \lfloor\sqrt{N(1-bm)/a}\rfloor-m, k \mid 1\leqslant \sqrt{N(1-bm)/a}-m\leqslant k\}$。

（2）$\lceil N/(m+h_2)\rceil >\mu$ 且 $N-\lceil N/(m+h_2)\rceil(m+h_2-1)\leqslant \mu$。

$$Z_2 = \lceil N/(m+h_2)\rceil + ah_2 + (h_2-1)\mu b + [N-\lceil N/(m+h_2)\rceil(m+h_2-1)]b$$

$$+ (\lceil N/(m+h_2)\rceil - \mu)b\beta(h_2-1)$$

$$= \lceil N/(m+h_2)\rceil(1+b+b\beta h_2-mb-h_2b-\beta b) + h_2(a+\mu b-\mu b\beta) - \mu b + Nb + \mu b\beta$$

首先证明 $1+b+b\beta h_2-mb-h_2b-\beta b\geqslant 0$，即证明 $h_2\leqslant (1-mb)/[b(1-\beta)]+1$，用反证法，假设 $h_2>(1-mb)/[b(1-\beta)]+1$，将第 M_{m+h} 台机器上的全部工件平均分配给机器 M_1, $\cdots$, M_{m+h-1}，假设 C_{max} 增加 l，$\sum R$ 将至少减少 $a+[(l-1)m+1]b+(l-1)b(1-\beta)(1-mb)/[b(1-\beta)]=a+b+l-1\geqslant l$，这与 σ^* 是最优调度相矛盾。因此，$h_2\leqslant (1-mb)/[b(1-\beta)]+1$，得 $Z_2\geqslant N(1+b+b\beta h_2-mb-h_2b-\beta b)/(m+h_2) + h_2(a+\mu b-\mu b\beta) - \mu b + Nb + \mu b\beta$，$\partial Z_2/\partial h_2 = -N(1+b-b\beta m-b\beta)/(m+h_2)^2 + a+\mu b-\mu b\beta$，$\partial^2 Z_2/\partial h_2^2 = 2N(1+b-b\beta-b\beta m)/(m+h_2)^3$，由性质 5.3 可知，$1-b\beta m>0$。因此，当 $-N(1+b-b\beta m-b\beta)/(m+1)^2 + a+\mu b-\mu b\beta\geqslant 0$ 时，Z_2 在区间 $[1,k]$ 上是增函数，$h_2=1$ 时 Z_2 取到最小值；当 $-N(1+b-b\beta m-b\beta)/(m+1)^2+a+\mu b-\mu b\beta<0$ 且 $-N(1+b-b\beta m-b\beta)/(m+k)^2+a+\mu b-\mu b\beta>0$ 时，如果 $1\leqslant \sqrt{N(1+b-b\beta m-b\beta)/(a+\mu b-\mu b\beta)}-m\leqslant k$，则 $h_2=\sqrt{N(1+b-b\beta-b\beta m)/(a+\mu b-\mu b\beta)}-m$ 时，Z_2 取得最小值，如果

$\sqrt{N(1+b-b\beta m-b\beta)/(a+\mu b-\mu b\beta)}-m\leqslant 1$，则 Z_2 在 $h_2=1$ 处取得最小值，如果 $k\leqslant$ $\sqrt{N(1+b-b\beta m-b\beta)/(a+\mu b-\mu b\beta)}-m$，则 Z_2 在 $h_2=k$ 处取得最小值；当 $-N(1+b-b\beta m-b\beta)/(m+1)^2+a+\mu b-\mu b\beta\leqslant 0$，$Z_2$ 在区间 $[1,k]$ 上是减函数，$h_2=k$ 时 Z_2 最小。因此，$Z_2=\min N/(m+h_2)(1+b+b\beta h_2-mb-h_2b-\beta b)+h_2(a+\mu b-\mu b\beta)-\mu b+Nb+\mu b\beta$，$h_2\in\left\{1,\left\lceil\sqrt{\dfrac{N(1+b-b\beta m-b\beta)}{a+\mu b-\mu b\beta}}\right\rceil-m,\left\lfloor\sqrt{\dfrac{N(1+b-b\beta m-b\beta)}{a+\mu b-\mu b\beta}}\right\rfloor-m,\ k\mid 1\leqslant\right.$

$\left.\sqrt{\dfrac{N(1+b-b\beta m-b\beta)}{a+\mu b-\mu b\beta}}-m\leqslant k\right\}$。

（3）$N-\lceil N/(m+h_3)\rceil(m+h_3-1)>\mu$。

$$Z_3=\lceil N/(m+h_3)\rceil+ah_3+h_3\mu b+(\lceil N/(m+h_3)\rceil-\mu)(h_3-1)b\beta$$
$$+[N-\lceil N/(m+h_3)\rceil(m+h_3-1)-\mu]b\beta$$
$$=\lceil N/(m+h_3)\rceil(1-b\beta m)+h_3(a+\mu b-\mu b\beta)+b\beta N$$

由性质 5.3 可知，$1-bm\beta>0$，因此，$Z_3\geqslant N(1-b\beta m)/(m+h_3)+h_3(a+\mu b-\mu b\beta)+b\beta N$，$\partial Z_3/\partial h_3=-N(1-b\beta m)/(m+h_3)^2+a+\mu b-\mu b\beta$，$\partial^2 Z_3/\partial h_3^2=2N(1-b\beta m)/(m+h_3)^3$。当 $-N(1-b\beta m)/(m+1)^2+a+\mu b-\mu b\beta\geqslant 0$ 时，Z_3 在 $[1,k]$ 上是增函数，$h_3=1$ 时 Z_3 取到最小值；当 $-N(1-b\beta m)/(m+1)^2+a+\mu b-\mu b\beta<0$ 且 $-N(1-b\beta m)/(m+k)^2+a+\mu b-\mu b\beta>0$ 时，若 $1\leqslant\sqrt{N(1-b\beta m)/(a+\mu b-\mu b\beta)}-m\leqslant k$，则 Z_3 在 $h_3=\sqrt{N(1-b\beta m)/(a+\mu b-\mu b\beta)}-m$ 处取得最小值，如果 $\sqrt{N(1-b\beta m)/(a+\mu b-\mu b\beta)}-m\leqslant 1$，则 Z_3 在 $h_3=1$ 处取得最小值，如果 $k\leqslant\sqrt{N(1-b\beta m)/(a+\mu b-\mu b\beta)}-m$，则 Z_3 在 $h_3=k$ 处取得最小值；当 $-N(1-b\beta m)/(m+k)^2+a+\mu b-\mu b\beta\leqslant 0$，$Z_3$ 在 $[1,k]$ 上是减函数，$h_3=k$ 时 Z_3 最小。因此，$Z_3=\min N(1-b\beta m)/(m+h_3)+h_3(a+\mu b-\mu b\beta)+b\beta N$，其中，$h_3\in\left\{1,\left\lceil\sqrt{\dfrac{N(1-b\beta m)}{a+\mu b-\mu b\beta}}\right\rceil-m,\left\lfloor\sqrt{\dfrac{N(1-b\beta m)}{a+\mu b-\mu b\beta}}\right\rfloor-m,\ k\mid 1\leqslant\right.$

$\left.\sqrt{\dfrac{N(1-b\beta m)}{a+\mu b-\mu b\beta}}-m\leqslant k\right\}$。

情形 2 假设不租赁机器，此时最优值 $Z^*\geqslant\left(\sum\limits_{j=1}^{n}p_j\right)/m=N/M$，则 $Z_4=N/m$，$h_4=0$。综上所述，$Z^*\geqslant\min\{Z_1,\ Z_2,\ Z_3,\ Z_4\}$。证毕。

二、近似算法设计与分析

针对考虑租赁折扣的同型机调度问题 $P_{m+k} \| C_{max} + \sum R_i$，由问题条件可知，当租赁的共享机器数量增加时，目标中最大完工时间将减少而租赁成本将增加，因此，首先根据定理 5.1 确定共享机器的租赁数量 h。如果不考虑共享机器的租赁成本，问题就退化成 $P_{m+k} \| C_{max}$ 问题，可以引申应用 LPT 规则在 $m+h$ 台机器上分配工件。由于制造商使用自有机器时不考虑机器的使用成本，而租赁共享机器需要支付租赁成本，所以需要按照机器的完工时间从大到小进行排序，前 m 台机器即为制造商自有机器，第 $m+1$ 至 $m+h$ 是租赁的共享机器。根据上述思路，本章设计了基于 LPT 规则的近似算法 IPMS-RD-LPT，该算法的步骤描述如下：

步骤 1：按照 LPT 规则在 m 台自有机器上分配工件，如果 $C_{max} = \max_{j=1}^{n}\{p_j\}$，则 $Z = \max_{j=1}^{n}\{p_j\}$，结束；否则，运行步骤 2。

步骤 2：根据定理 5.1，找出 $\min\{Z_1, Z_2, Z_3\}$ 所对应的 h，按照 LPT 规则在 $m+h$ 台机器上分配工件。

步骤 3：按照机器完工时间 C_i 的大小对机器进行排序，第 1 至 m 台是自有机器，第 $m+1$ 至 $m+h$ 是租赁机器，计算目标值 $Z = C_{max} + \sum R_i$。

由于算法每一步的时间复杂度均为 $O(n \log n)$，因此，算法 IPMS-RD-LPT 的计算时间为 $O(n \log n)$。定理 5.2 对该算法的近似比进行了分析。

定理 5.2 对于 $P_{m+k} \| C_{max} + \sum R_i$ 问题，算法 IPMS-RD-LPT 的目标值不大于 4/3 倍最优调度的目标值。

证明： 根据定理 5.1，如果 $Z^* = C_{max} = \max_{j=1}^{n}\{p_j\}$，则 $Z/Z^* = 1$；否则，根据 Z^* 和对应的 h^* 的取值，对以下三个情形进行讨论。

（1） $Z^* \geqslant \min\{Z_1, Z_2, Z_3\} = Z_1 = N(1-mb)/(m+h^*) + ah^* + Nb$，其中 $\lceil N/(m+h^*) \rceil \leqslant \mu$。

1） $h^* = 0$。Graham（1969）证明了 $C^{LPT} \leqslant \left(\dfrac{4}{3} - \dfrac{1}{3m}\right) C_{max}^*$，因此，$\dfrac{Z}{Z^*} \leqslant \dfrac{4}{3} - \dfrac{1}{3m} \leqslant \dfrac{4}{3}$，其中，$Z$ 为近似算法 IPMS-RD-LPT 的目标值。

2）$h^* = 1$。因为 $C^{LPT} \leqslant \left(\dfrac{4}{3} - \dfrac{1}{3m}\right) C^*_{\max}$ 且 $C^*_{\max} \geqslant \left(\sum\limits_{j=1}^{n} p_j\right)/m$，所以 $C^{LPT} \leqslant$

$\left(\dfrac{4}{3} - \dfrac{1}{3m}\right)\left(\sum\limits_{j=1}^{n} p_j\right)/m = \left(\dfrac{4}{3} - \dfrac{1}{3m}\right) N/m$，其中，$m$ 为使用的机器总数量，$N = \sum\limits_{j=1}^{n} p_j$。

因为 $\lceil N/(m+h^*)\rceil \leqslant \mu$，所以 IPMS-RD-LPT 算法的总租赁成本小于 $ah^* + bh^* N/$

$(m+h^*)$，因此，$Z < \left[\dfrac{4}{3} - \dfrac{1}{3(m+1)}\right]\dfrac{N}{m+1} + a + \dfrac{N}{m+1} b$，则

$$\dfrac{Z}{Z^*} < \dfrac{\left[\dfrac{4}{3} - \dfrac{1}{3(m+1)}\right]\dfrac{N}{m+1} + a + \dfrac{N}{m+1} b}{N(1-bm)/(m+1) + a + Nb} < \dfrac{\dfrac{4}{3} - \dfrac{1}{3(m+1)} + b}{1+b} < \dfrac{4}{3} - \dfrac{1}{3(m+1)} \leqslant \dfrac{4}{3}$$

3）$h^* = \left\lceil \sqrt{(N-Nmb)/a}\right\rceil - m$ 或 $\left\lfloor \sqrt{(N-Nmb)/a}\right\rfloor - m$，（$1 < h^* < k$）。

$$\dfrac{Z}{Z^*} < \dfrac{\left[\dfrac{4}{3} - \dfrac{1}{3(m+h^*)}\right]\dfrac{N}{m+h^*} + ah^* + \dfrac{N}{m+h^*} bh^*}{N(1-bm)/(m+h^*) + ah^* + Nb}$$

$$< \dfrac{\dfrac{4}{3} - \dfrac{1}{3(m+h^*)} + bh^*}{1 - bm + b(m+h^*)} < \dfrac{4}{3} - \dfrac{1}{3(m+h^*)} \leqslant \dfrac{4}{3}$$

最后一个不等式成立是因为 $m \geqslant 2$，$h^* \geqslant 2$。

4）$h^* = k$。

$$\dfrac{Z}{Z^*} < \dfrac{\left[\dfrac{4}{3} - \dfrac{1}{3(m+k)}\right]\dfrac{N}{m+k} + ak + \dfrac{N}{m+k} bk}{N(1-bm)/(m+k) + ak + Nb}$$

$$< \dfrac{\dfrac{4}{3} - \dfrac{1}{3(m+k)} + bk}{1 - bm + b(m+k)} < \dfrac{4}{3} - \dfrac{1}{3(m+k)} \leqslant \dfrac{4}{3}$$

（2）$Z^* \geqslant \min\{Z_1, Z_2, Z_3\} = Z_2 = N(1 + b + b\beta h^* - b\beta)/(m+h^*) + h^*(a + \mu b - \mu b\beta) - \mu b + \mu b\beta$，其中 $N - \lceil N/(m+h^*)\rceil(m+h^*-1) \leqslant \mu$，且 $\lceil N/(m+h^*)\rceil > \mu$。

1）$h^* = 1$。因为 $N - \lceil N/(m+h^*)\rceil(m+h^*-1) \leqslant \mu$，所以 IPMS-RD-LPT 算法的总租赁成本小于 $a + bN/(m+1)$。

$$\dfrac{Z}{Z^*} < \dfrac{\left[\dfrac{4}{3} - \dfrac{1}{3(m+1)}\right]\dfrac{N}{m+1} + a + \dfrac{N}{m+1} b}{N(1+b)/(m+1) + a} < \dfrac{\dfrac{4}{3} - \dfrac{1}{3(m+1)} + b}{1+b} < \dfrac{4}{3} - \dfrac{1}{3(m+1)} \leqslant \dfrac{4}{3}$$

2) $h^* = \left\lfloor \sqrt{\dfrac{N(1+b-b\beta m-b\beta)}{a+\mu b-\mu b\beta}} \right\rfloor - m$ 或 $\left\lceil \sqrt{\dfrac{N(1+b-b\beta m-b\beta)}{a+\mu b-\mu b\beta}} \right\rceil - m$，$(1<h^*<k)$。因

为 $\lceil N/(m+h^*) \rceil > \mu$，所以 IPMS-RD-LPT 算法的总租赁成本小于 $ah^* + \mu h^* b +$

$\left(\dfrac{N}{m+h^*} - \mu \right) h^* b\beta$。

$$\frac{Z}{Z^*} < \frac{\left[\dfrac{4}{3} - \dfrac{1}{3(m+h^*)} \right] \dfrac{N}{m+h^*} + ah^* + \mu h^* b + \left(\dfrac{N}{m+h^*} - \mu \right) h^* b\beta}{N(1+b+b\beta h^* - b\beta)/(m+h^*) + h^*(a+\mu b - \mu b\beta) - \mu b + \mu b\beta}$$

$$< \frac{\dfrac{4}{3} - \dfrac{1}{3(m+h^*)} + b\beta h^*}{1+b+b\beta h^* - b\beta - (\mu b - \mu b\beta)(m+h^*)/N}$$

$$< \frac{\dfrac{4}{3} - \dfrac{1}{3(m+h^*)} + b\beta h^*}{1+b\beta h^*} < \frac{4}{3} - \frac{1}{3(m+h^*)} \leq \frac{4}{3}$$

第三个不等式成立是因为 $N>\mu(m+h^*)$。

3) $h^* = k$。

$$\frac{Z}{Z^*} < \frac{\left[\dfrac{4}{3} - \dfrac{1}{3(m+k)} \right] \dfrac{N}{m+k} + ak + \mu kb + \left(\dfrac{N}{m+k} - \mu \right)(k-1)b\beta}{N(1+b+b\beta k - b\beta)/(m+k) + k(a+\mu b - \mu b\beta) - \mu b + \mu b\beta}$$

$$< \frac{\dfrac{4}{3} - \dfrac{1}{3(m+k)}}{1+b-\mu b(m+k)/N} < \frac{4}{3} - \frac{1}{3(m+k)} \leq \frac{4}{3}$$

第三个不等式成立是因为 $N>\mu(m+k)$。

(3) $Z^* \geq \min\{Z_1, Z_2, Z_3\} = Z_3 = N(1-b\beta m)/(m+h^*) + h^*(a+\mu b - \mu b\beta) + b\beta N$，其中 $N - \lceil N/(m+h^*) \rceil (m+h^*-1) > \mu$。

1) $h^* = 1$。

$$\frac{Z}{Z^*} < \frac{\left[\dfrac{4}{3} - \dfrac{1}{3(m+1)} \right] \dfrac{N}{m+1} + a + \mu b + \left(\dfrac{N}{m+1} - \mu \right) b\beta}{N(1-b\beta m)/(m+1) + a + \mu b - \mu b\beta + b\beta N}$$

$$< \frac{\dfrac{4}{3} - \dfrac{1}{3(m+1)} + b\beta}{1-b\beta m + b\beta(m+1)} < \frac{4}{3} - \frac{1}{3(m+1)} \leq \frac{4}{3}$$

2) $h^* = \lceil \sqrt{N(1-b\beta m)/(a+\mu b-\mu b\beta)} \rceil - m$ 或 $\lfloor \sqrt{N(1-b\beta m)/(a+\mu b-\mu b\beta)} \rfloor - m$,
$(1 < h^* < k)$。

$$\frac{Z}{Z^*} < \frac{\left[\frac{4}{3} - \frac{1}{3(m+h^*)}\right]\frac{N}{m+h^*} + ah^* + \mu h^* b + \left(\frac{N}{m+h^*} - \mu\right)h^* b\beta}{N(1-b\beta m)/(m+h^*) + h^*(a+\mu b-\mu b\beta) + b\beta N}$$

$$< \frac{\frac{4}{3} - \frac{1}{3(m+h^*)} + b\beta h^*}{1+b\beta h^*} < \frac{4}{3} - \frac{1}{3(m+h^*)} \leqslant \frac{4}{3}$$

3) $h^* = k$。

$$\frac{Z}{Z^*} < \frac{\left[\frac{4}{3} - \frac{1}{3(m+k)}\right]\frac{N}{m+k} + ak + \mu kb + \left(\frac{N}{m+k} - \mu\right)kb\beta}{N(1-b\beta m)/(m+k) + k(a+\mu b-\mu b\beta) + b\beta N}$$

$$< \frac{\frac{4}{3} - \frac{1}{3(m+k)} + b\beta k}{1+b\beta k} < \frac{4}{3} - \frac{1}{3(m+k)} \leqslant \frac{4}{3}$$

综上所述，$Z/Z^* \leqslant 4/3$。证毕。

第四节　数值实验

本节通过数值实验分析本章针对工件加工时间长度相同和不等两种情形分别构造的精确算法与近似算法的性能和计算效率。在 CPU 为 Intel Core i7-8550U、主频为 4.0GHz、内存为 8GB 的环境中，精确算法 IPMS-RD-AA 和近似算法 IPMS-RD-LPT 采用 MATLAB R2014a 编程，数学规划模型用求解器 IBM ILOG CPLEX 12.5 求得最优解，本章设置 CPLEX 运行时间上限为 2 小时。产生算例的参数如表 5-2 所示，表中与时间相关的参数单位为分钟，与成本相关的参数单位为百元，从而使得总时间目标与总成本目标为相同数量级。

表 5-2 算例的相关参数和取值范围

参数	取值范围
工件数量 n	20, 50, 80, 100, 150, 200
自有机器数量 m	2, 4, 6, 8 ($n=20$, 50, 80, 100); 3, 5, 8, 10, 12 ($n=50$, 100, 150, 200)
共享机器数量 k	6, 10 ($n=20$, 50, 80, 100); 8, 12 ($n=50$, 100, 150, 200)
工件加工时间长度 p_j（分钟）	U [5, 100] 取整
共享机器固定租赁成本 a（百元）	U [1, 20]
共享机器单位可变租赁成本 b（百元/分钟）	U [0.01, 0.15]
共享机器租赁折扣开始时点 μ（分钟）	U [20, 400] 取整
共享机器单位租赁成本折扣系数 β	U (0, 1)

注：U [x, y] 表示 [x, y] 上的均匀分布。

当工件加工时间长度相同时，考虑了 20、50、80、100 个工件，2、4、6、8 台自有机器和 6、10 台共享机器的情形，设置了 16 组不同规模的实例，每组实例随机生成 10 组不同的数据，从而生成总共 160 个测试问题。当工件加工时间长度不等时，考虑了 50、100、150、200 个工件，3、5、8、10、12 台自有机器和 8、12 台共享机器的情形，同样生成了 160 个测试问题。令 Z^* 表示通过 CPLEX 和精确算法 IPMS-RD-AA 获得的最优解，根据定理 5.1 计算得到下界值为 LB，通过近似算法 IPMS-RD-LPT 得到的为 Z，CPU 为运行时间，以秒为单位，MIN、MAX、AVE 分别表示同一规模问题的 10 组算例中运行时间的最小值、最大值和平均值。

表 5-3、表 5-4 分别给出工件加工时间长度相同和不等情形的实验结果。表 5-4 中的 "—" 表示 CPLEX 在 7200 秒内不能输出精确解，当 CPLEX 可在限定时间内求得精确解时，给出了近似算法 IPMS-RD-LPT 得到的 Z 平均值与最优解 Z^* 平均值的比值；否则，给出了 Z 平均值与下界 LB 平均值的比值。

表 5-3　工件加工时间长度相同的实验结果

序号	n	m	k	Z^*	CPU（s）			
					CPLEX			IPMS-RD-AA
					Min	Max	Ave	
1	20	2	6	244.643	0.592	0.828	0.696	0.004
2	20	2	10	184.186	0.510	0.963	0.700	0.004
3	20	4	6	197.046	0.365	0.577	0.461	0.003
4	20	4	10	231.221	0.560	0.900	0.721	0.003
5	50	2	6	570.600	0.683	**7200.000**	**720.683**	0.004
6	50	2	10	641.604	0.799	1.302	1.014	0.004
7	50	4	6	285.658	0.520	0.808	0.674	0.004
8	50	4	10	382.000	0.864	1.545	1.105	0.004
9	80	4	6	579.349	0.716	0.994	0.887	0.003
10	80	4	10	686.887	1.258	2.168	1.593	0.004
11	80	6	6	548.258	1.146	1.550	1.361	0.004
12	80	6	10	511.533	1.328	3.323	2.169	0.004
13	100	6	6	635.000	1.205	**7200.000**	**2062.416**	0.008
14	100	6	10	648.221	2.113	**1717.124**	**174.369**	0.004
15	100	8	6	506.525	1.486	**7200.000**	**1269.674**	0.004
16	100	8	10	606.660	1.598	2.831	2.115	0.004
AVE				466.212	0.984	**1458.432**	**265.040**	0.004

表 5-4　工件加工时间长度不等的实验结果

序号	n	m	k	下界 LB	CPLEX				PMS-RD-LPT				
					Z^*	CPU(s)			Z	CPU(s)	Z/Z^*(Z/LB)		
						Min	Max	Ave			Min	Max	Ave
1	50	3	8	462.109	462.358	1.657	9.196	3.983	467.007	0.013	1.003	1.025	1.010
2	50	3	12	425.623	425.993	7.379	1300.690	392.188	433.443	0.013	1.004	1.035	1.018
3	50	5	8	363.883	364.278	1.976	9.642	4.178	367.653	0.013	1.002	1.018	1.010
4	50	5	12	387.553	—	2.806	7200.000	724.150	393.361	0.013	1.003	1.023	1.015
5	100	5	8	654.630	655.021	3.183	100.200	14.167	657.588	0.015	1.000	1.010	1.004
6	100	5	12	608.281	608.667	4.202	37.257	10.563	612.726	0.014	1.003	1.013	1.007
7	100	8	8	560.143	560.626	1.567	18.963	7.313	563.454	0.014	1.001	1.013	1.005
8	100	8	12	509.426	—	2.446	7200.000	734.271	513.851	0.018	1.002	1.017	1.009
9	150	8	8	696.897	697.242	7.150	18.424	11.625	700.641	0.029	1.002	1.007	1.005
10	150	8	12	754.253	754.605	7.170	49.620	24.435	757.658	0.019	1.002	1.007	1.004
11	150	10	8	700.538	700.837	4.308	18.361	8.079	703.584	0.015	1.001	1.012	1.004
12	150	10	12	683.563	683.829	3.906	68.992	26.568	685.893	0.017	1.001	1.006	1.003
13	200	10	8	877.280	877.687	12.560	57.289	25.811	879.952	0.014	1.001	1.003	1.003
14	200	10	12	804.990	805.576	9.275	1028.12	139.733	807.824	0.015	1.001	1.006	1.003
15	200	12	8	793.692	794.012	5.655	38.180	17.482	796.753	0.022	1.001	1.006	1.003
16	200	12	12	787.910	788.214	9.067	44.348	23.670	791.005	0.031	1.001	1.006	1.003
AVE				629.423	655.639	5.269	1074.955	135.514	633.275	0.017	1.002	1.013	1.007

分析表 5-3、表 5-4 的数据可以得到如下结论：

（1）CPLEX 的计算效率不稳定，在部分算例求解时运行时间较长，如表 5-3 中序号 5、13、14、15 和表 5-4 中序号 2、4、8、14 的最大运行时间 Max 较大，而且随着工件和机器规模的增加其平均耗时也有增加的趋势。精确算法 IPMS-RD-AA 和近似算法 IPMS-RD-LPT 的平均运行时间较短，计算效率较高且比较稳定，因此适用于求解大规模的该类问题。

（2）对于部分算例，CPLEX 不能在两小时内给出精确解。对工件加工时间长度相同的情形，精确算法 IPMS-RD-AA 能给出最优解，对工件加工时间长度不等的情形，近似算法 IPMS-RD-LPT 的求解结果与最优值或下界较为接近，其比值最大为 1.018，远小于定理 5.2 给出的理论值 4/3，验证了算法的实际性能好于理论界。

通过上述问题性质分析和算法性能描述，进行如下讨论和总结：

（1）模型首先考虑了实际生产活动中制造企业租赁共享机器的生产特点，需要对机器租赁成本和最大完工时间进行权衡；其次对共享机器的固定租赁成本、单位可变租赁成本及其折扣系数进行合理设计，使模型更具实用性和普适性，与现实企业生产调度时的实际需求相符。

（2）从精确算法 IPMS-RD-AA 和近似算法 IPMS-RD-LPT 的设计过程可以看出，企业在制定决策时，确定共享机器的租赁数量是较关键的一步，从定理 5.1 可以看出，共享机器的租赁数量与本书中所有参数的大小有关，因此，企业在确定租赁多少台共享机器时，需要综合考虑多项因素的影响。

（3）证明了所提算法 IPMS-RD-LPT 的近似比为 4/3，但该值是理论上的最坏值，通过数值仿真可以看出，实际中该算法的平均执行效果要明显优于理论最坏值。

（4）算法 IPMS-RD-AA 和 IPMS-RD-LPT 能够分别较好地求解工件加工时间长度相同和不等情形的问题，而且随着问题规模的增大，两个算法仍能保持较高的计算效率。算法 IPMS-RD-LPT 所获得的解具有较高的精确度，能够满足实际生产对解精确度的要求。

本章小结

本章在共享制造环境下，研究了带租赁折扣的同型机调度问题，对顾客目标（最大完工时间）和制造商目标（共享机器租赁成本）进行同时优化，即目标函数是最小化最大完工时间与租赁成本之和。为解决该问题，本章首先建立了一个整数规划模型。其次分析了工件加工时间长度相同的情形，给出了相关性质，设计了精确算法 IPMS-RD-AA。对工件加工时间长度不同的情形，分析了问题的下界，给出了近似比为 4/3 的 IPMS-RD-LPT 算法。最后，为了评估本章所提出的 IPMS-RD-AA 算法和 IPMS-RD-LPT 算法的性能，进行了不同规模的数据实验。实验结果表明，两个算法的运行时间很少，IPMS-RD-LPT 算法的结果与 CPLEX 求得的最优解或问题下界相比，比值最大为 1.018，小于理论近似比 4/3，因此两个算法针对不同的问题情形在效率和解决方案质量方面都表现了很好的优势。本章的研究为制造商在可享受租赁折扣的情况下，决策共享机器租赁数量以及工件在自有机器和租赁机器上合理分配任务及确定工件加工顺序提供了依据。

第六章 考虑机器租赁成本的
同型机在线调度问题

第三、第四、第五章假设所有输入信息事先完全已知。在实际生产活动中，订单需求具有动态到达特征，工件信息是逐步被知晓的，即决策者在做当前的调度决策时不知道未来工件的信息，制造商在每一时刻只能依据当前到达工件信息进行决策。因此，本章将探究拥有两台同型机资源的制造商在共享制造环境下的实时加工调度决策问题。考虑到一些产品特征，单个工件加工时间基本相同，每个客户的需求量通常只有一个，因此，认为所有工件加工时间长度都相等，不妨令其都等于1。与第四章类似，本章结合租赁外部机器的固定租赁成本与单位可变租赁成本因素，以最小化工件总完工时间与机器租赁总成本之和为目标，运用在线理论与竞争分析方法构建同型机调度 Over-list 在线模型。需要说明的是，由于本章目标函数与第四章不同，所以要对本章问题的离线最优解进行分析。

本章内容结构安排如下：首先，对所研究的问题进行详细描述。其次，分析问题离线最优方案，即分析当最优方案分别为不租赁机器和租赁机器两种情形下工件的分配情况，以及当工件个数达到多少时租赁机器要优于不租赁机器。进而，证明竞争比下界。最后，设计在线策略，并证明当机器固定租赁成本系数等于2时，该策略竞争比为4/3；当机器固定租赁成本系数大于等于3时，该策略竞争比为1.89。

第一节 问题描述

考虑一家制造商拥有 2 台同型号机器，根据生产需要，它可以从共享制造平台上租赁任意多台相同性能的加工机器。制造商利用企业内部机器与租赁的机器加工逐个到达的工件。这里假设任意工件 j 具有单位加工长度，即 $p_j = 1$。不考虑企业内部机器既有的沉没成本，但是，租用一台外部机器 i 将产生租赁成本 $R_i = a + bn_i$，其中，系数 a 是固定租赁成本系数，b 是可变租赁成本系数，n_i 是机器 i 的加工负载，即分配至机器 i 的工件个数或者机器 i 的加工完工时间。假设 $a > b \geqslant 0$ 且均为整数。

考虑如下 Over-list 在线调度情形：在包含 n 个工件的序列 $\sigma = (J_1, J_2, \cdots, J_n)$ 中，工件一个一个地释放，且每一个工件释放时制造商必须马上决策是否租赁新的机器以及将该工件安排至哪一台机器的哪个时间段进行加工；序列中 n 的取值事先未知，只有将当前工件分配完毕之后决策者才能知道是否将有下一个工件到来。在最小化优化目标上，本章考虑结合机器加工调度领域中经典的总完工时间目标以及租赁问题中通常使用的总租赁成本目标，即以总完工时间与机器租赁总成本之和作为本章模型的最小化目标，公式表达为 $z(\sigma) = \sum_{j=1}^{n} C_j + \sum_{i=3}^{m} R_i$，其中，$C_j$ 是工件 J_j 的完工时间，m 是所有工件分配完成后制造商使用的机器总数量。由于工件均为单位长度，因此，目标函数转换为 $z(\sigma) = \sum_{i=1}^{m} f(n_i) + \sum_{i=3}^{m} R_i$，其中，对任意的 $1 \leqslant i \leqslant m$，$f(n_i) = 1 + 2 + \cdots + n_i = n_i(n_i + 1)/2$ 表示机器 M_i 上所有工件的总完工时间。将该问题用经典的三参数表示法记为 $P \mid online\text{-}list \mid \sum C_j + \sum R_i$。

当 $a = 1$ 时，由于租赁共享机器的成本非常小，容易分析得出，最优加工方案满足 $m = n$，即每台机器只加工一个工件。此时，在线策略可以达到离线最优目标函数值 $z^*(\sigma) = m + (n-2)(a+b)$。在后文分析中，结合实际生产，不妨假设 $a \geqslant 2$。

第二节　离线最优解分析

若事先知道工件个数 n 的取值，则将对应的问题称为离线情形。求解该离线情形的关键是确定所使用机器的总数量，以及每台机器所分配工件个数的特征。

令 n 个工件的序列为 $\sigma=(J_1,J_2,\cdots,J_n)$，$\tau^*$ 表示离线最优调度方案（下文简称最优调度 τ^*），m^* 为该调度方案所使用的机器总数量，n_i^*（$1\leqslant i\leqslant m^*$）为分配至机器 M_i 的工件个数。

引理 6.1（Hu 等，2017） 对任意正整数 n_1 和 n_2，$f(n)$ 满足：

（1）如果 $n_1>n_2+1$，$f(n_1)+f(n_2)>f(n_1-1)+f(n_2+1)$；

（2）$f(n_1+n_2)=f(n_1)+f(n_2)+n_1\cdot n_2$。

最优调度 τ^* 必然是按照以下两种情形之一做出决策：①仅使用企业内部机器，即 $m^*=2$；②租借至少一台外部机器，即 $m^*>2$。引理 6.2 给出了在这两种情形下每台机器 M_i 的工件数量最优分配方案。

引理 6.2 在最优调度 τ^* 中，

（1）当 $m^*=2$ 时：

①n 为偶数时，$n_1^*=n_2^*=n/2$，$z^*(\sigma)=(n+2)n/4$；

②n 为奇数时，$n_1^*=(n+1)/2$，$n_2^*=(n-1)/2$，$z^*(\sigma)=(1+n)^2/4$。

（2）当 $m^*>2$ 时，对于 $1\leqslant i\leqslant 2$，有 $n_i^*=u+b$ 或 $u+b+1$；对于 $3\leqslant i\leqslant m^*$，有 $n_i^*=u$ 或 $u+1$。其中，$u=\lfloor(n-2b)/m^*\rfloor$。

证明：反证法。对于（1）$m^*=2$ 的情形，不妨设分配至机器 M_1 的工件个数不少于 M_2。由于 $\lceil n/2\rceil-\lfloor n/2\rfloor\leqslant 1$，因此，只需证明 $n_1^*-n_2^*\leqslant 1$。反之，假设机器 M_1 和 M_2 满足 $n_1^*-n_2^*>1$，将 M_1 上的最后一个工件转移至 M_2 所得到的新调度记为 τ。调度 τ^* 和 τ 的总完工时间分别为 $f(n_1^*)+f(n_2^*)$ 和 $f(n_1^*-1)+f(n_2^*+1)$。由引理 6.1 的结论（1）可知，调度 τ 的目标值小于调度 τ^*，这与 τ^* 是最优调度相矛盾。因此，假设不成立，表明 $n_1^*=\lceil n/2\rceil$，$n_2^*=\lfloor n/2\rfloor$，相应的最优目标函数值可计算得出，$z^*(\sigma)=(1+\lceil n/2\rceil)\lceil n/2\rceil/2+(1+\lfloor n/2\rfloor)\lfloor n/2\rfloor/2$。当 n 为偶数时，$n_1^*=n_2^*=n/2$，$z^*(\sigma)=(n+2)n/4$；当 n 为奇数时，$n_1^*=(n+1)/2$，$n_2^*=(n-1)/2$，$z^*(\sigma)=(1+n)^2/4$。

下面考虑（2）$m^*>2$ 的情形。令 $u=\lfloor(n-2b)/m^*\rfloor$。类似于情形（1）$m^*=2$ 的分析可得，对任意租赁共享机器 M_l 和 M_h（$3\leqslant h,l\leqslant m^*$），有 $|n_h^*-n_i^*|\leqslant 1$ 成立。用反证法证明在调度 τ^* 中，对于 $3\leqslant i\leqslant m^*$，有 $n_i^*=u$ 或 $u+1$。假设存在 1 台共享机器 M_h（$3\leqslant h\leqslant m^*$）满足 $n_h^*\geqslant u+2$。因为对任意 $3\leqslant h,l\leqslant m^*$，

$|n_h^* - n_l^*| \leqslant 1$，所以有 m^*-3 台共享机器满足 $n_l^* \geqslant u+1$，则

$$n_1^* + n_2^* = n - n_h^* - (m^*-3)n_l^*$$
$$\leqslant n - \lceil (n-2b)/m^* \rceil - 1 - (m^*-3)\lceil (n-2b)/m^* \rceil$$
$$\leqslant n + 2\lceil (n-2b)/m^* \rceil - 1 - n + 2b$$
$$= 2(\lceil (n-2b)/m^* \rceil + b) - 1$$
$$\leqslant 2u + 2b + 1$$

已知 $|n_1^* - n_2^*| \leqslant 1$。当 $n_1^* = n_2^* - 1$ 时，$n_1^* \leqslant u+b$。若将 M_h 上的最后一个工件移至 M_1，目标函数减少量 $n_h^* + b - (n_1^*+1) \geqslant u+2+b-(u+b+1) > 0$，这与 τ^* 是最优调度相矛盾，表明假设不成立。当 $n_1^* = n_2^*$ 时，$n_1^* \leqslant u+b+0.5$。同上的操作将产生目标函数减少量 $n_h^* + b - (n_1^*+1) \geqslant u+2+b-(u+b+1.5) > 0$，同样与 τ^* 是最优调度相矛盾。同理，假设存在 1 台共享机器 $M_h(3 \leqslant h \leqslant m^*)$ 满足 $n_h^* \leqslant u-1$，则有 m^*-3 台共享机器，记为 $M_l(3 \leqslant l \leqslant m^*)$，满足 $n_l^* \leqslant u$，$n_1^* + n_2^* \geqslant 2(u+b)+1$。当 n_1^* 分别等于 n_2^* 和 n_2^*-1 时，将 M_2 的最后一个工件移至 M_h，目标函数减少量分别为 $n_2^* - (n_h^*+b+1) \geqslant 1/2$ 和 $n_2^* - (n_h^*+b+1) \geqslant 1$，同样与 τ^* 是最优调度相矛盾，表明假设不成立。

接下来证明当 $m^* > 2$ 时，机器 $M_i(1 \leqslant i \leqslant 2)$ 满足 $n_i^* = u+b+1$ 或 $u+b$。假设有 $\alpha(\alpha < m^*-2)$ 台机器，记为 $M_h(3 \leqslant h \leqslant m^*)$，满足 $n_h^* = u+1$，有 $m^* - \alpha - 2$ 台机器，记为 $M_l(3 \leqslant l \leqslant m^*)$，满足 $n_l^* = u$。若 $n_1^* \geqslant u+b+2$，将 M_1 的最后一个工件移至 M_h 上产生目标函数减少量 $n_1^* - (u+b+1) \geqslant 0$，这与 τ^* 是最优调度相矛盾；同理，若 $n_1^* \leqslant u+b-1$，将 M_h 的最后一个工件移至 M_1 上产生目标函数减少量 $(u+1+b) - (n_1^*+1) \geqslant 0$，可得出同样的结论。

根据上述分析，引理 6.2 的结论（2）成立。证毕。

根据引理 6.2，如果确定 m^* 的取值，则 $n_i^*(1 \leqslant i \leqslant m^*)$ 的值将随之而定。接下来，引理 6.3 进一步给出最优调度 τ^* 中 m^* 取值的相关结论。

引理 6.3 当 $m^* > 2$ 时，最优调度 τ^* 使用的机器总数为 $m^* = \lfloor (n-2b)/\sqrt{2a} \rfloor$ 或者 $\lfloor (n-2b)/\sqrt{2a} \rfloor + 1$。

证明： 根据引理 6.2 的结论（2），令 $u = \lfloor (n-2b)/m^* \rfloor$，设制造商有 α、β 台内部机器分别分配了 $u+b+1$、$u+b$ 个工件且 $\alpha+\beta=2$；在租赁的共享机器中，有

μ、ν 台分别分配了 $u+1$、u 个工件。目标函数值 $z^*(\sigma)=\alpha f(u+b+1)+\beta f(u+b)+\mu f(u+1)+\nu f(u)+(\mu+\nu)a+[\mu(u+1)+\nu u]b$。将 $\alpha+\beta=2$、$\mu+\nu=m^*-2$、$\mu+\alpha=n-m^*u-2b$ 和引理 6.1 的结论（1）代入目标函数表达式，得：

$$z^*(\sigma)=m^*f(u)+mf(b)+(\alpha+\mu)f(1)+u(\alpha+\mu+\beta b+\alpha b+\mu b+\nu b)+(\alpha b+\mu a+\nu a+\mu b)$$
$$=-m^*u^2/2+(n-2b-m^*/2)u+am^*-2a+(1+b)(n-b)$$

令 $u=(n-2b)/x$，即 x 为满足 $\lfloor(n-2b)/x\rfloor=(n-2b)/x$ 且 $|m^*-x|<1$ 的实数，代入上式并整理得：

$$z^*(\sigma)=(n-2b)^2/(2x)+ax+(n/2-2a+nb-b^2) \tag{6.1}$$

解得 $x=(n-2b)/\sqrt{2a}$，最优值 $z^*(\sigma)=(n-2b)\sqrt{2a}+n/2-2a+nb-b^2$。因此，$m^*=\lfloor(n-2b)/\sqrt{2a}\rfloor+1$ 或 $\lfloor(n-2b)/\sqrt{2a}\rfloor$。证毕。

下面，定理 6.1 给出了判断最优调度 τ^* 是否租借共享机器的加工工件个数临界值 N 的取值。具体地，当 $n\le N$ 时，最优加工方案不租借机器，即 $m^*=2$；反之，则租借共享机器。

定理 6.1 对于最优调度 τ^*，当 $2\le n\le N$ 时，$m^*=2$；当 $n>N$ 时，$m^*>2$。其中，$N=\max\limits_{1\le k\le 4}N_k$，$N_k$ 的取值为：

（1）若 n 为偶数且 $(n-2b)\bmod 3=0$，则 $N_1=\lfloor\sqrt{12a}\rfloor+2b$；否则，$N_1=0$。

（2）若 n 为偶数且 $(n-2b)\bmod 3\ne 0$，则 $N_2=\lfloor\sqrt{12a+4}\rfloor+2b$；否则，$N_2=0$。

（3）若 n 为奇数且 $(n-2b)\bmod 3=0$，则 $N_3=\lfloor\sqrt{12a-3}\rfloor+2b$；否则，$N_3=0$。

（4）若 n 为奇数且 $(n-2b)\bmod 3\ne 0$，则 $N_4=\lfloor\sqrt{12a+1}\rfloor+2b$；否则，$N_4=0$。

证明： 只需证明对于序列 $\sigma=(J_1,J_2,\cdots,J_n)$ 的最优调度 τ^*，当 $n=N$ 时，$m^*=2$，且 $n=N+1$ 时，$m^*=3$，即求取最大的 n，满足不租借机器的目标值（记为 $z_1(\sigma)$）不大于租借 1 台机器的目标值（记为 $z_2(\sigma)$）。

要得到目标值 $z_2(\sigma)$，首先需要确定租借 1 台机器时工件的分配情况。根据引理 6.2 结论（2），当 $m^*=3$ 时，对于 $1\le i\le 2$，有 $n_i^*=\lfloor(n-2b)/3\rfloor+b$ 或 $\lfloor(n-2b)/3\rfloor+b+1$，且 $n_3^*=\lfloor(n-2b)/3\rfloor$ 或 $\lfloor(n-2b)/3\rfloor+1$。$z_2(\sigma)=f(n_1)+f(n_2)+f(n_3)+a+bn_3$。根据 $(n-2b)\bmod 3$ 的可能取值讨论以下三种情况：

1）当 $(n-2b)\bmod 3=0$ 时，因为 $\lfloor(n-2b)/3\rfloor=(n-2b)/3$，所以 $n_1=n_2=(n-2b)/3+b$，$n_3=(n-2b)/3$，$z_2(\sigma)=n^2/6-b^2/3+nb/3+n/2+a$。

2) 当 $(n-2b) \bmod 3 = 1$ 时，$\lfloor (n-2b)/3 \rfloor = (n-2b-1)/3$。

①若 $n_3 = (n-2b-1)/3$，结合 $n_1+n_2+n_3=n$ 求解得，$n_1 = (n+b+2)/3$，$n_2 = (n+b-1)/3$。

②若 $n_3 = (n-2b+2)/3$，同理得，$n_1 = n_2 = (n+b-1)/3$。

分析发现，将情形 2.1) 中机器 M_1 的最后一个工件转移至 M_3 上加工，目标值保持不变，因此，情形 2.1) 与情形 2.2) 效果相同。不妨选择情形 2.2)，即 $n_1 = n_2 = (n+b-1)/3$，$n_3 = (n-2b+2)/3$。可得 $z_2(\sigma) = n^2/6 - b^2/3 + nb/3 + n/2 + a + 1/3$。

3) 当 $(n-2b) \bmod 3 = 2$ 时，$\lfloor (n-2b)/3 \rfloor = (n-2b-2)/3$。

同理可得，$n_1 = n_2 = (n+b+1)/3$，$n_3 = (n-2b-2)/3$。$z_2(\sigma)$ 的取值同情形 2)。

对于不租借机器的情形，当 n 为偶数时，$n_1 = n_2 = n/2$，$z_1(\sigma) = f(n_1) + f(n_2) = n^2/4 + n/2$。求解满足 $z_1(\sigma) \leqslant z_2(\sigma)$ 的最大 n 值。当 $(n-2b) \bmod 3 = 0$ 时，解得 $n \leqslant \sqrt{12a} + 2b$，所以令 $N_1 = \lfloor \sqrt{12a} \rfloor + 2b$。当 $(n-2b) \bmod 3 \neq 0$ 时，解得 $n \leqslant \sqrt{12a+4} + 2b$，所以令 $N_2 = \lfloor \sqrt{12a+4} \rfloor + 2b$。

同理，当 n 为奇数时，对应的 $n_1 = (n+1)/2$，$n_2 = (n-1)/2$，且 $z_1(\sigma) = f(n_1) + f(n_2) = n^2/4 + n/2 + 1/4$。当 $(n-2b) \bmod 3 = 0$ 时，解得 $n \leqslant \sqrt{12a-3} + 2b$，所以令 $N_3 = \lfloor \sqrt{12a-3} \rfloor + 2b$；当 $(n-2b) \bmod 3 \neq 0$ 时，解得 $n \leqslant \sqrt{12a+1} + 2b$，所以令 $N_4 = \lfloor \sqrt{12a+1} \rfloor + 2b$。因为 n 为满足 $z_1(\sigma) \leqslant z_2(\sigma)$ 的最大取值，所以当 $n \leqslant \max\{N_1, N_2, N_3, N_4\}$ 时，$m^* = 2$；当 $n > \max\{N_1, N_2, N_3, N_4\}$ 时，$m^* > 2$。证毕。

第三节 竞争比下界分析

本节证明问题 $P \mid online\text{-}list \mid \sum C_j + \sum R_i$ 的竞争比下界。采用对手法构造一系列问题实例，使得在该系列实例上执行任意在线算法所得目标值与离线最优解的比值尽可能的大。

定理 6.2 对于问题 $P \mid online\text{-}list \mid \sum C_j + \sum R_i$，当 $a \geqslant 3$ 时，任何确定性在线策略的竞争比至少为 $LB = 1 + \dfrac{6a - 3\sqrt{12a-3} + 1}{18a + (6b+3)\sqrt{12a-3} + 6b^2 + 6b - 1}$，当 $a = 2$ 时，$LB = 1$。

证明： 由定理 6.1 可知，对于最优调度 τ^*，当 $2 \leqslant n \leqslant N$ 时，$m^* = 2$；当 $n > N$ 时，$m^* > 2$。考虑任何在线策略 A 的以下三种情形，证明思路如图 6-1 所示。

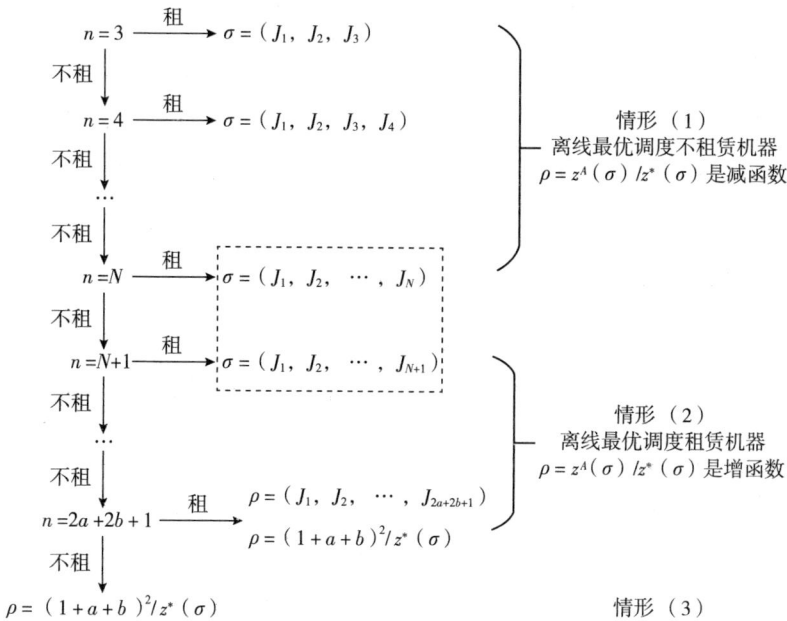

图 6-1 定理 6.1 证明思路

情形 1 在线策略 A 在第 $k(3 \leqslant k \leqslant N)$ 个工件到达时租借 1 台共享机器。在该情形下，序列长度 $n = k$，即 $\sigma = (J_1, J_2, \cdots, J_k)$。策略 A 的调度方案为 $n_1 = \lceil n/2 \rceil - 1$，$n_2 = \lfloor n/2 \rfloor$，$n_3 = 1$；而离线最优调度方案为不租借机器，即 $n_1^* = \lceil n/2 \rceil$，$n_2^* = \lfloor n/2 \rfloor$。在线调度方案与离线方案的目标函数值之比为：

$$\rho_1 = \frac{z^A(\sigma)}{z^*(\sigma)} = \frac{f(n_1) + f(n_2) + a + b + 1}{f(n_1^*) + f(n_2^*)} \tag{6.2}$$

当 n 为偶数时，$\lceil n/2 \rceil = \lfloor n/2 \rfloor = n/2$，代入式（6.2）得 $\rho_1^{(1)} = 1 + \dfrac{4a+4b+4-2n}{2n+n^2}$；当 n 为奇数时，$\lceil n/2 \rceil = (n+1)/2$，$\lfloor n/2 \rfloor = (n-1)/2$，代入式（6.2）得 $\rho_1^{(2)} = 1 + \dfrac{4a+4b+2-2n}{2n+n^2+1}$。$\rho_1^{(2)} < \rho_1^{(1)}$，所以 $\rho_1 = \rho_1^{(2)}$。由定理6.1可知，$N \le \lfloor \sqrt{12a+4} \rfloor + 2b \le 2\sqrt{3a+1} + 2b$。

所以 $\rho_1 = \rho_1^{(2)} = 1 + \dfrac{4a+4b+2-2N}{(N+1)^2} \ge 1 + \dfrac{4a-4\sqrt{3a+1}+2}{(2\sqrt{3a+1}+1+2b)^2}$。特别地，当 $a=2$ 时，有 $N \le \lfloor \sqrt{12a+4} \rfloor + 2b = 5 + 2b$ 且 $\rho_1 = \rho_1^{(2)} = 1$。

情形2 在线策略 A 在第 $k(N+1 \le k \le 2a+2b+1)$ 个工件到达时租借1台共享机器。该情形下的序列长度 $n = k$，即 $\sigma = (J_1, J_2, \cdots, J_k)$。策略 A 的调度方案为 $n_1 = \lceil n/2 \rceil - 1$，$n_2 = \lfloor n/2 \rfloor$，$n_3 = 1$；而离线最优调度方案为至少租借1台机器。由引理6.3可知，当式（6.1）$z^*(\sigma) = (n-2b)^2/(2x) + ax + (n/2 - 2a + nb - b^2)$ 中的 $x = (n-2b)/\sqrt{2a} + 1$ 时，函数值 $z^*(\sigma)$ 的取值大于 $x = (n-2b)/\sqrt{2a} - 1$、$x = \lceil (n-2b)/\sqrt{2a} \rceil$ 和 $x = \lfloor (n-2b)/\sqrt{2a} \rfloor$ 时的取值，因此，在线调度方案与离线方案的目标函数值之比可表示成式（6.3），因为当 n 为偶数时，$z^A(\sigma) = n^2/4 + a + b + 1$，当 n 为奇数时，$z^A(\sigma) = n^2/4 + a + b + 3/4$，所以式（6.3）中的第二个不等式成立。

$$\rho_2 = \frac{z^A(\sigma)}{z^*(\sigma)} \ge \frac{f(n_1)+f(n_2)+a+b+1}{(n-2b)^2/[2(n-2b)/\sqrt{2a}+2]+a(n-2b)/\sqrt{2a}+n/2-a+nb-b^2}$$

$$\ge \frac{n^2/4+a+b+3/4}{(n-2b)^2/[2(n-2b)/\sqrt{2a}+2]+a(n-2b)/\sqrt{2a}+n/2-a+nb-b^2} \quad (6.3)$$

令

$$g(y) = \frac{y^2/4+a+b+3/4}{(y-2b)^2/[2(y-2b)/\sqrt{2a}+2]+a(y-2b)/\sqrt{2a}+y/2-a+yb-b^2}$$

$$= 1 + \frac{(y-2b)^3-(y-2b)^2(2+3\sqrt{2a})+(y-2b)(4a+3-2\sqrt{2a})+(8a+3)\sqrt{2a}}{2\sqrt{2a}(y-2b)^2/(y-2b+\sqrt{2a})+2\sqrt{2a}(y-2b)+2y+4by-4a-4b^2}$$

因为 $g(y)$ 的五阶导数大于0，$g(y)$ 的四阶、三阶、二阶和一阶导数在 $y = \sqrt{12a} + 2b$ 处均大于0，所以 $g(y)$ 是区间 $[\sqrt{12a}+2b, +\infty)$ 上的增函数。因为

当 $\sqrt{12a}$ 为整数时，$\lfloor\sqrt{12a-3}\rfloor+1=\sqrt{12a}$，当 $\sqrt{12a}$ 不是整数时，$\lfloor\sqrt{12a}\rfloor+1=$ $\lfloor\sqrt{12a}\rfloor+1>\sqrt{12a}$，所以 ρ_2 在区间 $[N+1,\ 2a+2b+1]$ 上是递增的，即 ρ_2 在 $n=N+1$ 时取得最小值。由引理 6.3 可知，当 $n=N+1$ 时，离线方案 $m^*=3$。根据引理 6.2 得，$n_1^*=\lfloor(n-2b)/3\rfloor+b$，$n_3^*=\lceil(n-2b)/3\rceil$，$n_2^*=n-n_1^*-n_3^*$，$z^*(\sigma)=$ $f(n_1^*)+f(n_2^*)+f(n_3^*)+a+n_3b$。当 $(n-2b)\bmod 3=0$ 时，$\lfloor(n-2b)/3\rfloor=\lceil(n-2b)/3\rceil=$ $(n-2b)/3$，$z_1^*(\sigma)=n^2/6-b^2/3+nb/3+n/2+a$；当 $(n-2b)\bmod 3=1$ 时，$\lfloor(n-2b)/3\rfloor=(n-2b-1)/3$，$\lceil(n-2b)/3\rceil=(n-2b+2)/3$，$z_2^*(\sigma)=n^2/6-b^2/3+nb/3+n/2+a+$ $1/3$；当 $(n-2b)\bmod 3=2$ 时，$\lfloor(n-2b)/3\rfloor=(n-2b-2)/3$，$\lceil(n-2b)/3\rceil=(n-2b+$ $1)/3$，$z_3^*(\sigma)=n^2/6-b^2/3+nb/3+n/2+a+1/3$。因为 $z_1^*(\sigma)<z_2^*(\sigma)=z_3^*(\sigma)$，所以令 $z^*(\sigma)=z_3^*(\sigma)$。得：

$$\rho_2=\frac{z^A(\sigma)}{z^*(\sigma)}=\frac{n^2/4+a+b+3/4}{n^2/6-b^2/3+nb/3+n/2+a+1/3}$$

$$=1+\frac{(N-2b-2)^2-4}{2N^2-4b^2+4Nb+10N+4b+12a+12}$$

$$=1+\frac{(\lfloor\sqrt{12a+q}\rfloor-2)^2-4}{2\lfloor\sqrt{12a+q}\rfloor^2+12b\lfloor\sqrt{12a+q}\rfloor+10\lfloor\sqrt{12a+q}\rfloor+12b^2+24b+12a+12}$$

$$>1+\frac{(\sqrt{12a-3}-3)^2-4}{2(\sqrt{12a-3}-1)^2+12b(\sqrt{12a-3}-1)+10(\sqrt{12a-3}-1)+12b^2+24b+12a+12}$$

$$=1+\frac{6a-3\sqrt{12a-3}+1}{18a+(6b+3)\sqrt{12a-3}+6b^2+6b-1}$$

上述不等式成立，是因为第三个等式右侧的分式是 $y=\lfloor\sqrt{12a+q}\rfloor$ 的增函数，结合 $q\geqslant-3$ 可知，$\lfloor\sqrt{12a+q}\rfloor>\sqrt{12a+q}-1\geqslant\sqrt{12a-3}-1$。

情形 3 在线策略 A 在第 $k=2a+2b+1$ 个工件到达时不租借共享机器。此时，序列长度 $n=2a+2b+1$，即 $\sigma=(J_1,J_2,\cdots,J_k)$。策略 A 的调度方案为 $n_1=a+b+1$，$n_2=a+b$，目标值 $z^A(\sigma)=(a+b+1)^2$。若在线策略 A 在第 n 个工件到达时租借 1 台共享机器，则 $n_1=a+b$，$n_2=a+b$，$n_3=1$，目标值也等于 $(a+b+1)^2$。由情形 2 可知，$n=2a+2b+1$ 时在线调度方案与离线方案的目标函数值之比大于 $n=N+1$ 时的比值。

综上所述，当 $a \geq 3$ 时，结合 $\sqrt{12a+4} - \sqrt{12a-3} \leq 0.58$，$\sqrt{12a-3} > 5$ 得，$\rho_1 > \rho_2$，所以 $\rho = \rho_2$。证毕。

根据定理 6.2，当 $a \to +\infty$ 且 $b/a \to 0^+$ 时，$\dfrac{6a - 3\sqrt{12a-3} + 1}{18a + (6b+3)\sqrt{12a-3} + 6b^2 + 6b - 1} \to$

$\dfrac{1}{3}$。因此，有如下推论成立。

推论 6.1　对于问题 $P \mid online\text{-}list \mid \sum C_j + \sum R_i$，当 $a \to +\infty$ 且 $b/a \to 0^+$ 时，竞争比下界趋近于 4/3。

第四节　在线调度策略设计及其竞争比

一、策略描述

策略 TS 的主要思想是：首先按照平均原则在两台内部机器上分配逐个到达的工件；当释放工件个数达到临界值 N（N 的取值依据定理 6.1）时，开始逐台租借共享机器并加工第 N 个以及之后的全部工件，每一台租借的共享机器加工连续释放的确定个数的工件。最后一台租借的机器加工工件个数可能少于其他租借机器。TS 的具体描述如下。

策略 TS：

当释放工件 $J_j (j \geq 1)$ 时，如果 $j < N$，将 J_j 分配给企业内部两台机器 M_1 和 M_2 中当前负荷较小的一台机器；若负荷相同，则分配给机器 M_1。否则，如果 $j \geq N$，则将 J_j 分配给租赁的共享机器，记为 M_{k+3}，每台共享机器连续分配的工件个数不超过 $\lceil N/2 \rceil - 1 - b$。因此，工件 J_j 所分配的机器或者 $k \geq 0$ 的取值依据如下条件：$N + k(\lceil N/2 \rceil - 1 - b) \leq j \leq N - 1 + (k+1)(\lceil N/2 \rceil - 1 - b)$。

策略 TS 分配工件的效果如图 6-2 所示。

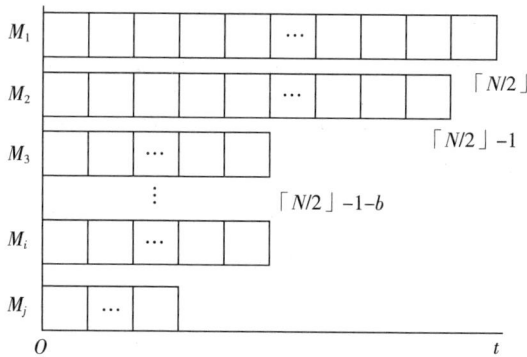

图 6-2　策略 TS 分配工件的效果示意图

二、在线策略分析

下面对所提 TS 策略的竞争性能进行分析。

定理 6.3　对于问题 $P\mid online\text{-}list\mid \sum C_j+\sum R_i$，当 $a=2$ 时，TS 策略的竞争比为 $4/3$；当 $a\geqslant 3$ 时，其竞争比为 1.89。

证明：令 $n'=\lceil N/2\rceil-1-b$ 表示每台共享机器所分配的最大工件数，$n''(1\leqslant n''\leqslant n')$ 为最后一台共享机器所分配的工件个数。设序列释放的工件数量 $n=N-1+kn'+n''$，其中，$N=\lfloor\sqrt{12a+q}\rfloor+2b$，$q\in\{-3,\ 0,\ 1,\ 4\}$，$k\geqslant 0$。由引理 6.3 可知，对于工件序列 σ，最优调度的目标值满足：

$$z^*(\sigma)\geqslant(n-2b)\sqrt{2a}+(n/2-2a+nb-b^2)$$

$$=(N-1+kN/2-bk-k)(\sqrt{2a}+0.5+b)-(\sqrt{2a}+b)^2+n''(\sqrt{2a}+0.5+b)$$

策略 TS 生成的调度方案目标值为 $z^{TS}(\sigma)=f(\lfloor N/2\rfloor)+f(\lceil N/2\rceil-1)+kf(n')+f(n'')+(k+1)a+(n'k+n'')b$。

当 $a=2$ 时，由定理 6.1 得，$N=5+2b$，N 为奇数，所以 $\lceil N/2\rceil=(N+1)/2$，$\lfloor N/2\rfloor=(N-1)/2$。因此，

$$\frac{z^{TS}(\sigma)}{z^*(\sigma)}\leqslant\frac{(N^2/4-0.25)(1+k/2)-kb(b+1)/2+2(k+1)+n''(0.5+n''/2+b)}{(N+kN/2-kb-k-1)(2.5+b)-(2+b)^2+n''(2.5+b)}$$

$$(6.4)$$

因为 $n'' \leq n' \leq N/2-b=2.5$，所以 $(0.5+n''/2+b)/(2.5+b)<1$，因为 $z^{TS}(\sigma) \geq z^*(\sigma)$，所以 n'' 取 1。将 $n''=1$，$N=5+2b$ 代入式（6.4）得：

$$\frac{z^{TS}(\sigma)}{z^*(\sigma)} \leq \frac{k(5+2b)+(9+b^2+6b)}{k(3.75+1.5b)+(8.5+b^2+6b)} < \frac{5+2b}{3.75+1.5b} = \frac{4}{3}$$

当 $a \geq 3$ 时，若 $n<N$，则由定理 6.1 可知，$m^*=2$，根据引理 6.2，$n_1^*=\lceil n/2 \rceil$，$n_2^*=\lfloor n/2 \rfloor$，在线调度结果与离线调度结果相同，因此，$z^{TS}(\sigma)/z^*(\sigma)=1$。下面考虑 $n \geq N$ 的情形，分以下两种情形：

情形 1　N 为偶数，$\lceil N/2 \rceil = \lfloor N/2 \rfloor = N/2$，令 $N=\lfloor \sqrt{12a+q} \rfloor+2b=h+2b$。

$$\frac{z^{TS}(\sigma)}{z^*(\sigma)} \leq \frac{(N/4)(N-k+kN/2)-kb(b+1)/2+(k+1)a+n''(n''/2+0.5+b)}{(N+kN/2-kb-k-1)(\sqrt{2a}+0.5+b)-(\sqrt{2a}+b)^2+n''(\sqrt{2a}+0.5+b)}$$

$$\leq \frac{N/4(N-k+kN/2)-kb/2(b+1)+(k+1)a+1+b}{(N+kN/2-kb-k)(\sqrt{2a}+0.5+b)-(\sqrt{2a}+b)^2}$$

$$= \frac{b(h+hk/2+b-k+1)+(h^2/4-hk/4+kh^2/8+ka+a+1)}{b(h+hk/2+b-k+1)+[(h+hk/2-k)(\sqrt{2a}+0.5)-2a]}$$

$$\leq \frac{h^2/4-hk/4+kh^2/8+ka+a+1}{(h+hk/2-k)(\sqrt{2a}+0.5)-2a}$$

$$= \frac{k(h^2/8-h/4+a)+(h^2/4+a+1)}{k(h/2-1)(\sqrt{2a}+0.5)+[h(\sqrt{2a}+0.5)-2a]}$$

$$\leq \max\left\{ \frac{h^2/8-h/4+a}{(h/2-1)(\sqrt{2a}+0.5)}, \frac{h^2/4+a+1}{h(\sqrt{2a}+0.5)-2a} \right\}$$

$$\leq \max\left\{ \frac{5a+q/4-\sqrt{3a+q/4}+0.5}{(2\sqrt{3a+q/4}-3)(\sqrt{2a}+0.5)}, \frac{4a+q/4+1}{(2\sqrt{3a+q/4}-1)(\sqrt{2a}+0.5)-2a} \right\}$$

$$\leq \frac{4a+q/4+1}{(2\sqrt{3a+q/4}-1)(\sqrt{2a}+0.5)-2a}$$

$$\leq \frac{4a+1/4}{(2\sqrt{3a-3/4}-1)(\sqrt{2a}+0.5)-2a}$$

$$\leq \frac{4+0.25/a}{(\sqrt{11}-1/\sqrt{a})(\sqrt{2}+0.5/\sqrt{a})-2}$$

$$\leq \frac{4+0.25/3}{(\sqrt{11}-1/\sqrt{3})(\sqrt{2}+0.5/\sqrt{3})-2} < 1.54$$

其中，第二个不等式成立是因为 $n''/2 \leqslant n'/2 \leqslant N/4 - b/2 \leqslant \sqrt{12a+q}/4 < \sqrt{2a}$，所以 $(n''/2 + 0.5 + b)/(\sqrt{2a} + 0.5 + b) < 1$，因为 $n'' \geqslant 1$，所以取 $n'' = 1$。第三个不等式成立是因为 $\dfrac{h + hk/2 + b - k + 1}{h + hk/2 + b - k + 1} = 1$，所以取 $b = 0$。第五个不等式成立是因为 $\sqrt{12a+q} - 1 \leqslant h \leqslant \sqrt{12a+q}$。令 $H_1 = \dfrac{5a + q/4 - \sqrt{3a + q/4} + 0.5}{(2\sqrt{3a + q/4} - 3)(\sqrt{2a} + 0.5)}$，$H_2 = \dfrac{4a + q/4 + 1}{(2\sqrt{3a + q/4} - 1)(\sqrt{2a} + 0.5) - 2a}$，因为对于 $a \geqslant 3$，$q \in \{-3, 0, 1, 4\}$，均有 $H_1 < H_2$ 成立，所有第六个不等式成立。第七个不等式是因为对于 q 的四个不同取值，有 $H_2(a, -3) > H_2(a, 0) > H_2(a, 1) > H_2(a, 4)$ 成立。第八个不等式是由于 $\sqrt{12a - 3} \geqslant \sqrt{11a}$。第九个不等式成立是因为 $y = \dfrac{4 + 0.25/x^2}{(\sqrt{11} - 1/\sqrt{x})(\sqrt{2} + 0.5/\sqrt{x}) - 2}$ 是 $[3, +\infty]$ 上的减函数。

情形 2 N 为奇数，$\lceil N/2 \rceil = (N+1)/2$，$\lfloor N/2 \rfloor = (N-1)/2$，得：

$$\frac{z^{TS}(\sigma)}{z^*(\sigma)} \leqslant \frac{(N^2/4 - 0.25)(1 + k/2) - kb(b+1)/2 + (k+1)a + n''(n''/2 + 0.5 + b)}{(N + kN/2 - kb - k - 1)(\sqrt{2a} + 0.5 + b) - (\sqrt{2a} + b)^2 + n''(\sqrt{2a} + 0.5 + b)}$$

$$\leqslant \frac{(N^2/4 - 0.25)(1 + k/2) - kb(b+1)/2 + (k+1)a + 1 + b}{(N + kN/2 - kb - k)(\sqrt{2a} + 0.5 + b) - (\sqrt{2a} + b)^2}$$

$$= \frac{[N/4(N - k + kN/2) - kb/2(b+1) + (k+1)a + 1 + b] + (Nk/4 - 1/4 + k/8)}{(N + kN/2 - kb - k)(\sqrt{2a} + 0.5 + b) - (\sqrt{2a} + b)^2}$$

第二个不等式成立与情形 1 中的第二个不等式分析相同，取 $n'' = 1$。令

$$G_1 = \frac{N/4(N - k + kN/2) - kb/2(b+1) + (k+1)a + 1 + b}{(N + kN/2 - kb - k)(\sqrt{2a} + 0.5 + b) - (\sqrt{2a} + b)^2} \leqslant H_2 < 1.54$$

$$G_2 = \frac{Nk/4 - 1/4 + k/8}{(N + kN/2 - kb - k)(\sqrt{2a} + 0.5 + b) - (\sqrt{2a} + b)^2}$$

$$= \frac{k(2N - 1) - 2}{k[8(N/2 - b - 1)(\sqrt{2a} + 0.5 + b)] + [8N(\sqrt{2a} + 0.5 + b) - 8(\sqrt{2a} + b)^2]}$$

$$\leqslant \frac{2N - 1}{8(N/2 - b - 1)(\sqrt{2a} + 0.5 + b)}$$

$$\leqslant \frac{2\sqrt{12a + q} + 4b - 1}{(4\sqrt{12a + q} - 12)(\sqrt{2a} + 0.5 + b)}$$

$$\leqslant \frac{2\sqrt{12a-3}+4b-1}{(4\sqrt{12a-3}-12)(\sqrt{2a}+0.5+b)}$$

$$\leqslant \frac{2\sqrt{12a}+4b-1}{(4\sqrt{11a}-12)(\sqrt{2a}+0.5+b)}$$

第二个不等式成立是因为 $N=\lfloor\sqrt{12a+q}\rfloor+2b\leqslant\sqrt{12a+q}+2b$。第三个不等式是因为对于 q 的四个不同取值，有 $G_2(a, b, 4)<G_2(a, b, 1)<G_2(a, b, 0)<G_2(a, b, -3)$。第四个不等式成立是因为 $\sqrt{12a-3}\geqslant\sqrt{11a}$。

当 $0\leqslant b<a$，$3\leqslant a\leqslant 5$ 时，得：

$$G_2\leqslant\frac{2\sqrt{12a}+4(a-1)-1}{(4\sqrt{11a}-12)(\sqrt{2a}+0.5+a-1)}\leqslant\frac{4\sqrt{9}+7}{(4\sqrt{33}-12)(\sqrt{6}+2.5)}<0.35$$

当 $6\leqslant a$ 时，得：

$$G_2\leqslant\frac{2\sqrt{12a}-1}{(4\sqrt{11a}-12)(\sqrt{2a}+0.5)}\leqslant\frac{4\sqrt{18}-1}{(4\sqrt{66}-12)(\sqrt{12}+0.5)}<0.20$$

所以 $G_2<0.35$，$\dfrac{z^{TS}(\sigma)}{z^*(\sigma)}\leqslant G_1+G_2<1.89$。

综合情形 1 和情形 2 的分析，得 $\dfrac{z^{TS}(\sigma)}{z^*(\sigma)}<1.89$。

通过上述分析发现，对于逐个释放的工件仅仅根据已到达工件信息来决策当前工件的加工及机器租赁方案，其调度结果与信息完全已知时的离线最优决策效果必然存在差距。利用策略 TS，所考察的目标函数值与最优值的差距能够控制在 1.89 倍范围内；而当固定租赁成本较小时，这个倍数还能进一步减小到 4/3。当然，上述结论均为理论上的最坏值，在实际中 TS 策略的平均执行效果则会明显优于理论最坏值。另外，在分析过程中发现，制造企业在权衡工件总完工时间与机器租赁成本时，首先要确定每新增租赁一台机器时企业必须具备的加工工件数量大小，该阈值随着共享机器的固定租赁成本与可变租赁成本的增加而增大。上述研究结论为制造商在共享制造时代如何对租赁外部机器以及生产加工调度做出最佳决策提供了有意义的参考，也为合理应对共享机器租赁在线调度管理的其他情形提供了一定的思路和借鉴。

本章小结

    本章讨论了在共享制造环境下，制造商拥有两台同型机，且可以有偿租赁共享平台闲置同型机的在线调度问题。该问题考虑了机器的固定租赁成本和单位可变租赁成本以及工件实时到达的情况。以最小化总完工时间和总租赁成本之和为优化目标，分析了离线问题最优解的调度方案。从在线策略与竞争分析角度刻画和求解该调度问题，证明了该问题的竞争比下界为 $1+\dfrac{6a-3\sqrt{12a-3}+1}{18a+(6b+3)\sqrt{12a-3}+6b^2+6b-1}$，当 $a\rightarrow+\infty$，$b/a\rightarrow0^+$ 时，该下界趋于 4/3。设计了在线策略 TS，证明了当 $a=2$ 时，该策略竞争比为 4/3；当 $a\geqslant3$ 时，其竞争比为 1.89。

第七章　考虑机器租赁折扣的同型机在线调度问题

第六章假设制造商拥有两台同型机，且可以租赁任意多台同性能共享机器，研究了共享机器具有固定租赁成本和单位可变租赁成本的同型机在线调度问题。实际中，当制造商自有机器无空闲或因故障无可用机器时，一个接一个到达的工件可能需要全部安排在共享机器上加工。本章将研究在此情形下，即到达的单位长度工件均在共享机器上加工，考虑共享机器具有单位可变租赁成本以及与第五章相同租赁折扣方式的同型机在线调度问题。虽然本章研究的离线问题是第五章问题的特例，但由于本章未考虑企业自有机器数量和共享机器的固定租赁成本，因此，离线最优解的调度结果与第五章分析给出的调度结果略有不同，从而本章需要对问题的离线最优方案和最优解下界进行分析。

本章的内容结构安排如下：首先，假设租赁折扣系数等于 0.5，对所研究的问题进行详细描述。其次，分析问题离线最优方案和最优解下界。再次，对于单位可变租赁成本大于等于 2 的情形，设计具有竞争比 3/2 的 LS-RD 算法；对于单位可变租赁成本大于等于 1 小于 2 的情形，证明 LIST 算法的竞争比为 2。最后，对租赁折扣系数为一般情形（即大于 0 小于等于 1）时，分析离线最优方案，并设计相应的在线策略。

第一节　问题描述

在制造资源共享环境下，制造商可以通过制造资源共享平台租赁共享机器加工工件，可供租赁的共享机器数量通常是有限的，尤其是昂贵的大型精密设备。

因此，本章假设有有限台可以租赁的同型机（$m \geq 2$），工件数量为 n。此外，假设任意工件 J_j 的加工时间长度为 1，即 $p_j = 1$，则机器 M_i 的完工时间为 $\sum_{j \in J_i} p_j = n_i$，其中，安排在机器 M_i 上的所有工件构成集合 ϑ_i，n_i 是机器 M_i 上所有工件的数量。例如，在机器 M_1 上安排了 10 个工件，每个工件的加工时间长度均为 1，则机器 M_1 的完工时间为 $\sum_{j \in J_1} p_j = n_1 = 10$。

与经典的同型机在线调度不同，在实践中，当一台机器总的租赁时间达到 μ 时，制造商将会获得租赁折扣。具体而言，制造商租赁共享机器 M_i 会产生租赁成本 R_i，当机器 M_i 上所有工件的数量 n_i 满足 $n_i \leq \mu$，即租赁机器 M_i 的总时间长度没有达到折扣点 μ，则 $R_i = b n_i$，其中，b 是单位可变租赁成本，即处理每单位时间长度工件的租赁成本；否则，$R_i = b \mu + 0.5 b (n_i - \mu)$，即租赁机器 M_i 的总时间长度超出折扣点 μ，其中未超出折扣点的部分单位可变租赁成本为 b，超出的部分单位可变租赁成本享受五折优惠，即 $0.5b$。该设置在生产实践中较常见。本章假设 $\mu \geq 2$ 是正整数，$b \geq 1$。

本章考虑列表在线模型，目标是最小化工件的最大完工时间 $C_{\max}$ 与机器租赁成本之和，其定义如下：

$$C = C_{\max} + \sum_{i=1}^{m} R_i$$

该问题可以用三参数法表示成 $P \mid online\text{-}list \mid C_{\max} + \sum_{i=1}^{m} R_i$。

第二节　离线最优解分析

对于离线问题 $P \parallel C_{\max} + \sum_{i=1}^{m} R_i$，考虑平均分配（Equal Allocation，EA）策略。假设租赁 k 台机器，EA 策略将安排 $\lceil n/k \rceil$ 或 $\lfloor n/k \rfloor$ 个工件到每台机器上，即对任意 $1 \leq i$，$j \leq k$ 且 $i \neq j$，有 $|n_i - n_j| \leq 1$ 成立。以下引埋指出当 $b \geq 2$ 或者 $1 \leq b \leq 2$ 且 $m = 2$ 时，EA 策略的调度结果（以下简称 EA 调度）比其他任意调度的结果都好。

引理 7.1　对于 $b \geq 2$ 的任意实例 I，任意非 EA 调度的调度 σ 存在 $n_i - n_j \geq 2$

且租赁 $k(1 \leqslant k \leqslant m)$ 台机器。存在调度 σ'，是 EA 策略在 $k'(k' \leqslant k)$ 台机器上的调度结果。调度 σ' 要优于调度 σ。

证明：令 $M\Lambda$ 是所租赁机器的集合，该集合包含 k 台机器。集合 $M\Lambda$ 中机器 M_l 的完工时间最大，其完工时间为 n_l，M_s 的完工时间最小，其完工时间为 n_s。令调度 σ 是满足对任意 $M_i \in M\Lambda$ 有 $1 \leqslant n_s \leqslant n_i \leqslant n_l$ 和 $n_l - n_s \geqslant 2$ 成立的任意调度，EA 调度 σ' 满足对任意 $M_i \in M\Lambda$ 有 $n_i = \lceil n/k' \rceil$ 或 $\lfloor n/k' \rfloor$ 成立。根据 n_l 和 n_s 的值，讨论以下两个情形。对于调度 σ，如果

情形 1 $n_l \leqslant \mu$ 或 $n_s \geqslant \mu$。

从机器 M_l 上移 $\lfloor (n_l - n_s)/2 \rfloor$ 个工件到机器 M_s 上将使调度结果更好。更新 n_l、n_s、M_l 和 M_s。重复该步骤，直到 $n_l - n_s \leqslant 1$。$C_{\max}$ 将减少，总租赁成本不变。因此 σ' 优于 $\sigma(k' = k)$。

情形 2 $n_l > \mu$ 且 $n_s < \mu$。

通过以下四个步骤可以将 σ 转换成 σ' 且目标值将减少。

步骤 1：令 $A = \{M_i \mid 1 \leqslant n_i < \mu, M_i \in M\Lambda\}$，显然，$M_s \in A$。尽可能地将机器 M_s 上的工件移动到其他机器 $M_i \in A \setminus \{M_s\}$ 上，直到没有工件在机器 M_s 上，即 $n_s = 0$，或任意机器 $M_i \in A \setminus \{M_s\}$ 上有 $n_i = \mu$ 个工件。更新 A、$M\Lambda$ 和 M_s。重复该步骤，直到至多有一台机器（$\in A$）的工件个数少于 μ。

步骤 2：令 $B = \{M_i \mid n_i > \mu, M_i \in M\Lambda\}$，重新安排 $\sum_{M_i \in B}(n_i - \mu)$ 个工件，将其平均分配到 $|M\Lambda \setminus A|$ 机器上。更新 n_s。

步骤 3：如果 $n_s \geqslant \mu$，σ 转换成 σ'，停止。如果 $1 \leqslant n_s < \mu$ 且 $\exists n_i - n_j = 1(M_i, M_j \in B)$，将机器 M_s 上的一个工件移到机器 M_j 上，直到 $n_s = 0$ 或 $\forall n_i = n_j(M_i, M_j \in B)$。更新 n_s。

步骤 4：如果 $n_s = 0$，σ 转换成 σ'，停止。如果 $1 \leqslant n_s < \mu$，将 M_s 上的所有工件平均分配给其他机器（$\in B$）。证毕。

针对情形 2，下面给出一个简单示例来解释调度 σ 转换成 σ' 的过程，该转换将降低目标值。假设有 $m = 4$ 台机器，分别安排了 8、12、3、5 个工件。令 $\mu = 6$，$b \geqslant 2$，如图 7-1 所示。

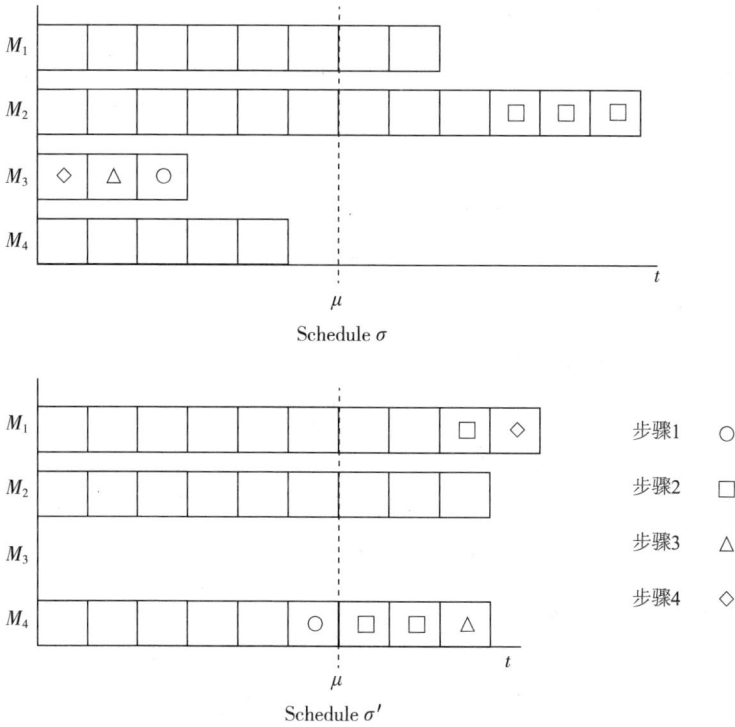

图 7-1 σ 转换成 σ' 示意图

步骤 1：将机器 M_3 上一个工件移动到机器 M_4 上，目标值不变。

步骤 2：将 M_2 上的一个工件移到 M_1 上，将 M_2 上的两个工件移到 M_4 上，总租赁成木不变，C_{max} 减少。

步骤 3：将 M_3 上的一个工件移到 M_4 上，租赁成本减少 $b/2$。

步骤 4：将 M_3 上的一个工件移到 M_1 上，增加的 $C_{max}=1$ 小于减少的租赁成本 $b/2(b>2)$，因此，总成本减少。综上可知，调度 σ' 优于 σ。

引理 7.2 对于 $m=2$ 且 $1\leq b<2$ 的任意实例 I，给定任意调度 σ，EA 调度是最优调度。

证明：假设分配在机器 M_1 上的工件数量为 n_l，分配在机器 M_2 上的工件数量为 n_s，$n_l-n_s\geq2$。根据 n_l、n_s 和 μ 的值，讨论以下两个情形：

情形 1 如果 $n_l\leq\mu$ 或 $n_s\geq\mu$，将机器 M_1 上的 $\lfloor(n_l-n_s)/2\rfloor$ 个工件移到机器

M_2 上，租赁成本不变，C_{max} 将减少。

情形 2 如果 $n_l > \mu$ 且 $n_s < \mu$，将机器 M_1 上的 $\lfloor (n_l - n_s)/2 \rfloor$ 个工件移到机器 M_2 上，C_{max} 将减少 $\lfloor (n_l - n_s)/2 \rfloor$。如果 $n_l - \lfloor (n_l - n_s)/2 \rfloor > \mu$，租赁成本将至多增加 $\lfloor (n_l - n_s)/2 \rfloor b/2 < \lfloor (n_l - n_s)/2 \rfloor$；如果 $n_l - \lfloor (n_l - n_s)/2 \rfloor \leqslant \mu$，租赁成本将增加 $(n_l - \mu) b/2 \leqslant \lfloor (n_l - n_s)/2 \rfloor b/2 < \lfloor (n_l - n_s)/2 \rfloor$。证毕。

如果 $1 \leqslant b < 2$ 且 $m \geqslant 3$，我们将考虑策略 EA′。假设租赁了 $k(3 \leqslant k \leqslant m)$ 台机器，如果 $n \bmod (k-1) = 1$，EA′ 安排一个工件到机器 M_k 上，其余 $k-1$ 台机器上各安排 $\lfloor n/(k-1) \rfloor$ 个工件；否则，EA′ 在 $k-1$ 台机器上各安排 $\lceil n/(k-1) \rceil$ 或 $\lfloor n/(k-1) \rfloor$ 个工件。引理 7.3 指出如果 $1 \leqslant b < 2$ 且 $m \geqslant 3$，EA′ 策略的调度结果（以下简称 EA′ 调度）要好于其他任意调度。

引理 7.3 对于 $1 \leqslant b < 2$ 且 $m \geqslant 3$ 的任意实例 I，任意非 EA′ 调度的调度 σ 租赁 $k(3 \leqslant k \leqslant m)$ 台机器。存在调度 σ'，是 EA′ 策略在 $k'(k' \leqslant k)$ 台机器上的调度结果。调度 σ' 要优于调度 σ。

证明： 类似于引理 7.1，唯一的不同之处在情形 2 的步骤 4。在情形 2 的步骤 3 之后，更新 k 和 n_s。如果 $n_s \bmod (k-1) = 1$，将机器 M_s 上的 $n_s - 1$ 个工件平均分配给其他租赁的机器，由于增加的 $C_{max} = (n_s - 1)/(k-1)$ 小于等于增加的租赁成本 $0.5b(n_s - 1)$，因此总成本减小；否则，将机器 M_s 上的 n_s 个工件平均分配给其他租赁的机器，由于增加的 $C_{max} = \lceil n_s/(k-1) \rceil$ 小于等于增加的租赁成本 $0.5bn_s$，因此总成本减小。

令调度 σ^* 是任意实例 I 的最优离线调度，$C^*(\sigma^*)$ 是最优离线成本。

定理 7.1 对问题 $P \mid online\text{-}list \mid C_{max} + \sum\limits_{i=1}^{m} R_i$

（1）如果 $b \geqslant 2$，$C^*(\sigma^*)$ 的下界如下：

$$C^*(\sigma^*) \begin{cases} > bn, & 1 \leqslant n \leqslant \max\{\mu, \ 8\mu/b\}; \\ \geqslant \sqrt{2bn\mu} + nb/2, & \max\{\mu, \ 8\mu/b\} < n \leqslant bm^2\mu/2; \\ = \lceil n/m \rceil + (\mu m + n) b/2, & n > bm^2\mu/2 \end{cases}$$

（2）如果 $1 \leqslant b < 2$ 且 $m \geqslant 3$，$C^*(\sigma^*)$ 的下界如下：

$$C^*(\sigma^*) \begin{cases} \geqslant \lceil n/m \rceil + bn, & 1 \leqslant n \leqslant \bar{n}; \\ > \sqrt{2b\mu(n-1)} + nb/2, & \bar{n} < n \leqslant bm^2\mu/2; \\ = \lceil n/m \rceil + (\mu m + n) b/2, & n > bm^2\mu/2 \end{cases}$$

其中，$\bar{n}$ 是满足 $\lceil n/m \rceil + bn < \sqrt{2b\mu(n-1)} + nb/2$ 的最大整数 n。

证明： 令 k^* 是 σ^* 中所使用的机器数量。

（1）根据引理 7.1，σ^* 是由 EA 策略得出的最优调度。因此，租赁的 k^* 台机器中每台机器上分配的工件个数为 $\lceil n/k^* \rceil$ 或 $\lfloor n/k^* \rfloor$，即 $|n_i^* - n_j^*| \leq 1$。因此，可得 $\forall n_i^* \leq \mu$ 或 $\forall n_i^* \geq \mu$。下面从三个情形进行分析：

情形 1 $1 \leq n \leq \mu$。可得 $C^*(\sigma^*) = C_{\max} + \sum_{i=1}^{m} R_i = \lceil n/k^* \rceil + bn \geq \lceil n/m \rceil + bn \geq n/m + bn > bn$。特别地，如果 $m > \mu$ 或 $1 \leq m \leq \mu$ 且 $1 \leq n \leq m$，则 $C^*(\sigma^*) = 1 + bn > bn$。

情形 2 $\mu < n \leq bm^2\mu/2$。如果 $\mu < n \leq m\mu$ 且 $\forall n_i^* \leq \mu$，则结果与情形 1 相同，即 $C^*(\sigma^*) > bn$。如果 $\mu < n \leq m\mu$ 且 $\forall n_i^* \geq \mu$ 或 $m\mu < n \leq bm^2\mu/2$，则

$$
\begin{aligned}
C^*(\sigma^*) &= C_{\max} + \sum_{i=1}^{m} R_i \\
&= \lceil n/k^* \rceil + \left[b\mu k^* + b(n - k^*\mu)/2 \right] \\
&\geq n/k^* + b\mu k^*/2 + bn/2 \\
&\geq \sqrt{2bn\mu} + bn/2
\end{aligned}
$$

下面给出临界值。如果工件数量小于临界值，则 $C^*(\sigma^*) > bn$；否则，$C^*(\sigma^*) \geq \sqrt{2bn\mu} + bn/2$。令 $bn \leq \sqrt{2bn\mu} + bn/2$，得 $n \leq 8\mu/b$。因此，临界值为 $8\mu/b$。

情形 3 $n > bm^2\mu/2$。假设 $k^* = m$，将机器 M_m 上的 $\lfloor n/m \rfloor$ 个工件平均分配到其他 $m-1$ 台机器上。$C_{\max}$ 将增加 $\lceil \lfloor n/m \rfloor/(m-1) \rceil$ 且租赁成本将减少 $b\mu/2$。$\lceil \lfloor n/m \rfloor/(m-1) \rceil - b\mu/2 > (n/m-1)/(m-1) - b\mu/2 > (b\mu-2)/(2m-2) > 0$，因此，减少机器数量将导致总成本增加，综上可得，$k^* = m$ 且 $C^*(\sigma^*) = \lceil n/m \rceil + b\mu m + b(n - \mu m)/2 = \lceil n/m \rceil + (\mu m + n)b/2$。

（2）根据引理 7.3 的证明，σ^* 是由 EA′ 策略得出的最优离线调度。

1）如果 $1 \leq n \leq \mu$，类似于情形 1 的证明，可得 $C^*(\sigma^*) \geq \lceil n/m \rceil + bn$。

2）对于 $\mu < n \leq bm^2\mu/2$，如果 $\forall n_i^* \leq \mu$，类似于情形 2 的证明，可得 $C^*(\sigma^*) \geq \lceil n/m \rceil + bn$；如果 $\forall n_i^* \geq \mu$，即 $n \bmod k^* \neq 1$，租赁的 k^* 台机器中每台机器上分配的工件个数为 $\lceil n/k^* \rceil$ 或 $\lfloor n/k^* \rfloor$，则 $C^*(\sigma^*) = \lceil n/k^* \rceil + [b\mu k^* + (bn - k^*\mu)/2] \geq \sqrt{2bn\mu} + bn/2$；如果 $\forall n_i^* \geq \mu(1 \leq i \leq k^*-1)$ 且 $n_k^* = 1$，即机器

M_k^* 上安排了一个工件，其他 k^*-1 台机器上安排了 $\lfloor n/(k^*-1)\rfloor$ 个工件，则 $C^*(\sigma^*)=(n-1)/(k^*-1)+b\mu(k^*-1)+b+b[n-\mu(k^*-1)-1]/2>\sqrt{2b\mu(n-1)}+bn/2$。存在 $\bar{n}(\mu\leqslant\bar{n}\leqslant bm^2\mu/2)$ 满足当 $1\leqslant n\leqslant\bar{n}$ 时，$C^*(\sigma^*)\geqslant\lceil n/m\rceil+bn$；当 $\bar{n}<n\leqslant bm^2\mu/2$ 时，$C^*(\sigma^*)\geqslant\sqrt{2b\mu(n-1)}+bn/2$，$\bar{n}$ 是满足 $\lceil n/m\rceil+bn<\sqrt{2b\mu(n-1)}+bn/2$ 的最大整数 n。

3）如果 $n>bm^2\mu/2$，类似于情形 3 的证明，可得 $C^*(\sigma^*)=\lceil n/m\rceil+(\mu m+n)b/2$。

总之，通过简单的梳理可得 $C^*(\sigma^*)$。证毕。

第三节　在线调度策略设计及其竞争比

本节主要针对单位可变租赁成本 $b\geqslant 2$ 和 $1\leqslant b<2$ 两种情形，分别设计相应的在线算法，并证明在线算法的竞争比。

一、单位可变租赁成本大于等于 2 的情形

定理 7.2　对问题 $P\mid online\text{-}list\mid C_{\max}+\sum\limits_{i=1}^{m}R_i$，不存在确定性策略具有竞争比小于 1.093。

证明：考虑 $m=\mu=2$，$b=4.83$，最大工件序列为 3 的实例，令 A 是任意在线算法。

（1）当工件数量为 2 时，A 有两种情形：

情形 1　A 租赁一台机器加工两个工件，则最大完工时间为 2，租赁成本为 9.66，总成本为 11.66。在该情形下，最优离线调度算法是租赁两台机器，最大完工时间为 9.66，总成本为 10.66。因此，成本之比为 11.66/10.66>1.093，序列结束。

情形 2　A 租赁两台机器，成本之比为 1。

（2）对于情形 2，第三个工件被释放，A 将第三个工件安排在两台机器的任意一台上，最大完工时间、租赁成本和总成本分别为 2、14.49 和 16.49。在该情形下，最优离线调度将只租赁一台机器，其最大完工时间、租赁成本和总成本分

别为 3、12.075 和 15.075。成本之比为 16.49/15.075>11.66/10.66。序列结束。定理得证。证毕。

下面提出了一个考虑租赁成本折扣的在线租赁和调度算法（LS-RD），LS-RD 算法的具体描述如下：

LS-RD 算法

当工件 J_j 被释放时，根据以下四个情形安排该工件。

情形 1 $1 \leqslant j \leqslant b\mu$。租赁 1 台机器，将工件 J_j 安排在该机器上。

情形 2 $b\mu k(k-1)/2 < j \leqslant b\mu k^2/2 (2 \leqslant k \leqslant m)$。租赁机器 M_k，将工件 J_j 安排在该机器上。

情形 3 $b\mu k^2/2 < j \leqslant b\mu k(k+1)/2 (2 \leqslant k \leqslant m-1)$。将工件 J_j 安排在 k 台机器中完工时间最小的机器上。

情形 4 $b\mu m^2/2 < j$。将工件 J_j 安排在 m 台机器中完工时间最小的机器上。

下面给出 LS-RD 算法在不同数量工件下的目标函数值。

观察 7.1 ① $1 \leqslant j \leqslant b\mu$。由于当机器的完工时间小于等于租赁折扣时点 μ 时，单位租赁成本系数为 b；否则，单位租赁成本为 $0.5b$。因此，讨论以下两种情形。如果 $1 \leqslant j \leqslant \mu$，则 $C^{LS} = j + bj$；如果 $\mu < j \leqslant b\mu$，则 $C^{LS} = j + [b\mu + (j-\mu)b/2] = j + (j+\mu)b/2$。

② $b\mu k(k-1)/2 < j \leqslant b\mu k^2/2 (2 \leqslant k \leqslant m)$。由于存在租赁折扣，我们将讨论以下两种情形：如果 $b\mu k(k-1)/2 < j \leqslant b\mu k(k-1)/2+\mu$，则 $C^{LS} = b\mu k/2 + [j-(k-1)(b\mu k/2-\mu)]b + (k-1)(b\mu k/2-\mu)b/2 = b\mu k + b^2\mu k/4 + bj - b\mu/2 - b^2\mu k^2/4$；如果 $b\mu k(k-1)/2+\mu < j \leqslant b\mu k^2/2$，则 $C^{LS} = b\mu k/2 + [b\mu k + (j-k\mu)b/2] = b\mu k + bj/2$。

③ $b\mu k^2/2 < j \leqslant b\mu k(k+1)/2 (2 \leqslant k \leqslant m-1)$。$k$ 台机器的完工时间超过了 μ，因此有 $C^{LS} = \lceil j/k \rceil + b\mu k + (j-k\mu)b/2 < j/k+1 + b\mu k/2 + bj/2$。

④ $b\mu m^2/2 < j$。可得 $C^{LS} = \lceil j/m \rceil + b\mu m + (j-m\mu)b/2 = \lceil j/m \rceil + b\mu m/2 + bj/2$。

显然，算法 LS-RD 的时间复杂性为 $O(n)$。算法 LS-RD 的调度结果如图 7-2 所示。图中灰色背景的颜色深度表示安排的工件的位置顺序。根据观察 7.1 和定理 7.1，图 7-3 给出了不同数量工件时在线算法 LS-RD 的目标值和最优离线调度的目标值。

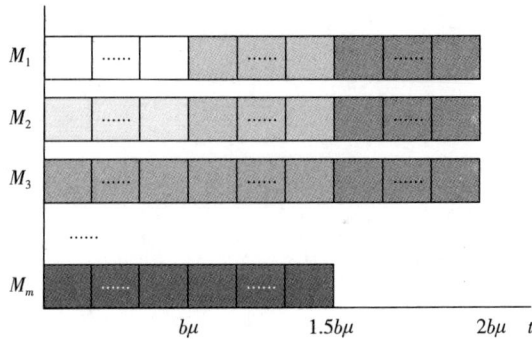

图 7-2　算法 LS-RD 的调度结果

定理 7. 3　对问题 $P \mid online\text{-}list \mid C_{\max} + \sum_{i=1}^{m} R_i$，如果 $b \geq 2$，算法 LS-RD 的竞争比为 3/2，此算法的界是紧的。

证明：对任意实例 I，根据定理 7.1（1）和图 7-3，将该问题分为以下六种情形进行讨论。

情形 1　$1 \leq n \leq \mu$。由于 $C^{LS}(I) = n + bn$ 且 $C^*(I) > bn$，因此

$$\rho_1 = \frac{C^{LS}(I)}{C^*(I)} < \frac{n+bn}{bn} \leq \frac{3}{2}。$$

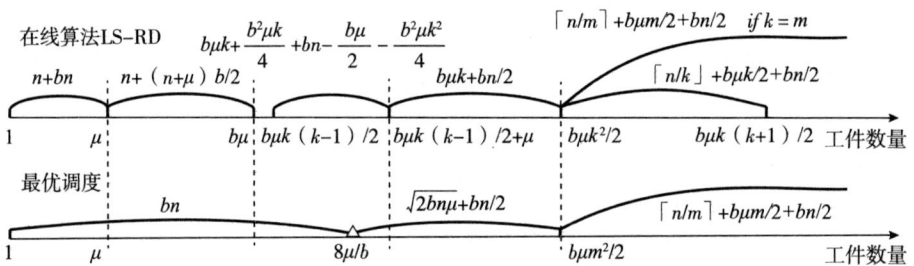

图 7-3　算法 LS-RD 和最优调度的目标值

情形 2　$\mu < n \leq b\mu$。可知 $C^{LS}(I) = n + (n+\mu) b/2$，如果 $8\mu/b > b\mu$，即 $b < 2\sqrt{2}$，则 $C^*(I) > bn$；如果 $\mu < 8\mu/b < b\mu$，即 $2\sqrt{2} < b < 8$，且 $8\mu/b < n < b\mu$，则 $C^*(I) \geq \sqrt{2bn\mu} + bn/2$，因此

$$\rho_2 = \frac{C^{LS}(I)}{C^*(I)} < \frac{n+(n+\mu)b/2}{bn} < \frac{1+b}{b} \le \frac{3}{2}$$

$$\rho_3 = \frac{C^{LS}(I)}{C^*(I)} \le \frac{n+(n+\mu)b/2}{\sqrt{2bn\mu}+bn/2} \le \frac{b\mu+(b\mu+\mu)b/2}{\sqrt{2b^2\mu^2}+b^2\mu/2} = \frac{3+b}{2\sqrt{2}+b} < \frac{11}{10}$$

其中，第二个不等式成立是因为如果 $b=2$，当 $n \in (\mu, 2\mu]$ 时，$\frac{n+(n+\mu)b/2}{\sqrt{2bn\mu}+bn/2}$ 单调递减；如果 $b>2$，当 $n \in (\mu, b\mu/2]$ 时，$\frac{n+(n+\mu)b/2}{\sqrt{2bn\mu}+bn/2}$ 单调递减，当 $n \in (b\mu/2, b\mu]$ 时，$\frac{n+(n+\mu)b/2}{\sqrt{2bn\mu}+bn/2}$ 单调递增，因此 $\frac{n+(n+\mu)b/2}{\sqrt{2bn\mu}+bn/2}$ 在 $n=b\mu$ 处取得最大值。最后一个不等式成立是因为 $\frac{3+b}{2\sqrt{2}+b}$ 单调递减，并在 $b=2\sqrt{2}$ 处取得最大值。

情形 3 $b\mu k(k-1)/2 < n \le b\mu k(k-1)/2+\mu$。可知 $C^{LS}(I) = b\mu k+b^2\mu k/4+bn-b\mu/2-b^2\mu k^2/4$，如果 $8\mu/b > b\mu k(k-1)/2+\mu$，则 $C^*(I)>bn$；如果 $8\mu/b < b\mu k(k-1)/2$，则 $C^*(I) \ge \sqrt{2bn\mu}+bn/2$，因此

$$\rho_4 = \frac{C^{LS}(I)}{C^*(I)} < \frac{b\mu k+b^2\mu k/4+bn-b\mu/2-b^2\mu k^2/4}{bn} < \frac{1}{2}+\frac{2k-1}{bk(k-1)} \le \frac{5}{4},$$

其中，第二个不等式成立是因为 $n>b\mu k(k-1)/2$。第三个不等式成立是因为 $b \ge 2$，$k \ge 2$，$\frac{1}{2}+\frac{2k-1}{bk(k-1)}$ 关于 b、k 是单调递减的。

$$\rho_5 = \frac{C^{LS}(I)}{C^*(I)} \le \frac{b\mu k+b^2\mu k/4+bn-b\mu/2-b^2\mu k^2/4}{\sqrt{2bn\mu}+bn/2}$$

$$\le \frac{4bk+[b^2k(k-1)+2b]}{4\sqrt{b^2k(k-1)+2b}+[b^2k(k-1)+2b]}$$

$$\le \frac{bk}{\sqrt{b^2k(k-1)+2b}} = \frac{k}{\sqrt{k(k-1)+2/b}}$$

$$< \sqrt{\frac{k}{k-1}} \le \sqrt{2} \tag{7.1}$$

其中，第二个不等式成立是因为 $n \le b\mu k(k-1)/2+\mu$。

情形 4 $b\mu k(k-1)/2+\mu<n\leqslant b\mu k^2/2$。可知 $C^{LS}(I)=b\mu k+bn/2$，如果 $b\mu k(k-1)/2+\mu<8\mu/b<b\mu k^2/2$，且 $b\mu k(k-1)/2+\mu\leqslant n\leqslant 8\mu/b$，则 $C^*(I)>bn$；如果 $8\mu/b<b\mu k(k-1)/2+\mu$，则 $C^*(I)\geqslant\sqrt{2bn\mu}+bn/2$，因此

$$\rho_6=\frac{C^{LS}(I)}{C^*(I)}<\frac{b\mu k+bn/2}{bn}<\frac{1}{2}+\frac{\mu k}{b\mu k(k-1)/2+\mu}\leqslant\frac{1}{2}+\frac{k}{k(k-1)+1}\leqslant\frac{7}{6},$$

其中，第二个不等式成立是因为 $n>b\mu k(k-1)/2+\mu$。

$$\rho_7=\frac{C^{LS}(I)}{C^*(I)}\leqslant\frac{b\mu k+bn/2}{\sqrt{2bn\mu}+bn/2}<\frac{b\mu k}{\sqrt{2bn\mu}}<\frac{k}{\sqrt{k(k-1)+2/b}}\leqslant\sqrt{2},$$

其中，第三个不等式成立是因为 $n>b\mu k(k-1)/2+\mu$。最后一个不等式参照式 (7.1)。

情形 5 $b\mu k^2/2<n\leqslant b\mu k(k+1)/2(2\leqslant k<m)$。可知 $C^{LS}(I)=n/k+1+b\mu k/2+bn/2$，因为 $8\mu/b<b\mu k^2/2$，有 $C^*(I)\geqslant\sqrt{2bn\mu}+bn/2$，因此

$$\rho_8=\frac{C^{LS}(I)}{C^*(I)}<\frac{n/k+1+b\mu k/2+bn/2}{\sqrt{2bn\mu}+bn/2}<\frac{n/k+1+b\mu k/2}{\sqrt{2bn\mu}}$$

$$\leqslant\frac{k+1/2+1/(b\mu)}{\sqrt{k(k+1)}}\leqslant\frac{k+3/4}{\sqrt{k(k+1)}}\leqslant\frac{2+3/4}{\sqrt{6}}<\frac{11}{9},$$

其中，第三个不等式成立是因为 $\frac{n/k+1+b\mu k/2}{\sqrt{2bnu}}$ 在 $n\in(b\mu k^2/2,\ k+b\mu k^2/2]$ 时单调递减，在 $n\in(k+b\mu k^2/2,\ b\mu k(k+1)/2]$ 时单调递增，并在 $b\mu k(k+1)/2$ 处取得最大值。第五个不等式成立是因为 $k\geqslant 2$。

情形 6 $b\mu m^2/2<n$。可知 $C^{LS}(I)=C^*(I)=\lceil n/m\rceil+b\mu m/2+bn/2$，因此 $\rho_9=\frac{C^{LS}(I)}{C^*(I)}=1$。

下面给出一个使算法界紧的简单例子。$b=2$，$n=m=b\rightarrow\infty$，则

$$\rho=\frac{C^{LS}(I)}{C^*(I)}=\frac{n+bn}{1+bn}=\frac{1+b}{1/n+b}\rightarrow\frac{1+b}{b}=\frac{3}{2}。$$

因此算法的界不会小于 3/2。定理得证。证毕。

二、单位可变租赁成本大于等于 1 小于 2 的情形

当租赁成本较小（$1\leqslant b<2$）时，自然考虑到 LIST 算法，该算法将到达的工

件分配到当前完工时间最小的机器上。下面给出 LIST 算法的竞争比。

定理 7.4 对问题 $P \mid online-list \mid C_{\max} + \sum_{i=1}^{m} R_i$，如果 $1 \leq b < 2$，LIST 算法的竞争比为 2。

证明： 如果 $m = 2$，根据引理 7.2，可知 LIST 算法的竞争比为 1，这意味着在该情形下 LIST 算法最优。

如果 $m \geq 3$，对任意实例 I，如果 $1 \leq n \leq m\mu$，则 $C^{LIST}(I) = \lceil n/m \rceil + bn$；否则，$C^{LIST}(I) = \lceil n/m \rceil + b\mu m/2 + bn/2$。根据定理 7.3，因为 $\lceil m\mu/m \rceil + bm\mu > \sqrt{2b\mu(m\mu-1)} + bm\mu/2$，所以 $\bar{n} < m\mu$。根据工件的个数 n，讨论以下三种情形。

情形 1 $1 \leq n \leq \bar{n}$ 或 $n > bm^2\mu/2$，$\dfrac{C^{LIST}(I)}{C^*(I)} = 1$。

情形 2 $\bar{n} < n < m\mu$。

$$\frac{C^{LIST}(I)}{C^*(I)} = \frac{\lceil n/m \rceil + bn}{\sqrt{2b\mu(n-1)} + bn/2} < \frac{n/m + 1 + bn}{\sqrt{2b\mu(n-1)} + bn/2} \tag{7.2}$$

由于当 $n \in [1, +\infty)$ 时，式（7.2）最右侧部分先递减后递增，因此

$$\frac{C^{LIST}(I)}{C^*(I)} \leq \max\left\{ \frac{\mu/m + 1 + b\mu}{\sqrt{2b\mu(\mu-1)} + b\mu/2}, \frac{m\mu/m + 1 + bm\mu}{\sqrt{2b\mu(m\mu-1)} + bm\mu/2} \right\}。$$

$$\frac{\mu/m + 1 + b\mu}{\sqrt{2b\mu(\mu-1)} + b\mu/2} \leq \frac{\mu/3 + 1 + b\mu}{\sqrt{2b\mu(\mu-1)} + b\mu/2} \leq \frac{2/3 + 1 + 2b}{\sqrt{4b(2-1)} + 2b/2} \leq \frac{11}{9}$$

$$\frac{m\mu/m + 1 + bm\mu}{\sqrt{2b\mu(m\mu-1)} + bm\mu/2} \leq \frac{3 + 2bm}{2\sqrt{b(2m-1)} + bm} \leq 2 \tag{7.3}$$

因此，$\dfrac{C^{LIST}(I)}{C^*(I)} \leq 2$。

情形 3 $m\mu \leq n \leq bm^2\mu/2$。

$$\frac{C^{LIST}(I)}{C^*(I)} = \frac{\lceil n/m \rceil + b\mu m/2 + bn/2}{\sqrt{2b\mu(n-1)} + bn/2} < \frac{n/m + 1 + b\mu m/2 + bn/2}{\sqrt{2b\mu(n-1)} + bn/2} \tag{7.4}$$

由于当 $m\mu \leq n \leq bm^2\mu/2$ 时，式（7.4）最右侧部分单调递减，因此

$$\frac{C^{LIST}(I)}{C^*(I)} \leq \frac{\mu + bm\mu + 1}{\sqrt{2b\mu(m\mu-1)} + bm\mu/2} \leq 2。$$

根据式（7.3）得最后一个不等式成立。定理得证。证毕。

第四节　一般情形的扩展分析

前几节内容考虑租赁折扣系数 $\beta=0.5$ 的情形，本节将探讨折扣系数的一般情形，即 $0<\beta\leqslant1$。主要讨论 $m=2$ 和 $m\geqslant3$ 的情形。当 $m=2$ 时，给出离线问题的最优调度、问题的下界以及 LIST 算法的竞争比。当 $m\geqslant3$ 时，考虑该问题的一个特殊情形，即 $b\geqslant2$，$0<\beta\leqslant0.5$，给出最优离线解的下界，提出一个改进 LS-RD 的在线算法，定义为 MLS-RD，并证明其竞争比的紧下界为 3/2。接着，当 $\beta>0.5$ 或 $1\leqslant b<2$ 且 $0<\beta\leqslant0.5$ 时，给出最优离线问题的解决思路。最后总结一些管理启示。

一、可租赁的机器数量等于 2 的情形

引理 7.4　如果 $m=2$，$1\leqslant b$ 且 $0<\beta\leqslant1$，对任意最优调度 σ^*，令 k^*、n_1^* 和 n_2^* 分别为最优调度中租赁的机器数量、安排在机器 M_1 和 M_2 上的工件数量，调度 σ^* 满足：

（1）$k^*=1$，$n_1^*=n$ 和 $n_2^*=0$。

（2）$k^*=2$，$n_1^*=\lceil n/2\rceil$ 和 $n_2^*=\lfloor n/2\rfloor$。尤其，如果 $b(1-\beta)\leqslant1$，则 $k^*=2$，$n_1^*=\lceil n/2\rceil$ 和 $n_2^*=\lfloor n/2\rfloor$。

证明：假设 $n_1+n_2=n$，$n_1\geqslant n_2$。下面讨论以下三种情形：

情形 1　如果 $1\leqslant n\leqslant\mu$，则 $0\leqslant n_2\leqslant n_1\leqslant\mu$，$C=n_1+nb$。$C$ 在 $n_1=\lceil n/2\rceil$ 时取得最小值。

情形 2　如果 $\mu<n\leqslant2\mu$，则 $0\leqslant n_2\leqslant n_1\leqslant\mu$ 或 $\mu<n_1\leqslant2\mu$ 且 $0\leqslant n_2<\mu$。当 $0\leqslant n_2\leqslant n_1\leqslant\mu$ 时，$C=n_1+nb$；C 在 $n_1=\lceil n/2\rceil$ 时取得最小值；当 $\mu<n_1\leqslant2\mu$ 且 $0\leqslant n_2<\mu$ 时，$C=n_1+(\mu+n_2)b+(n_1-\mu)b\beta=n_1(1-b+b\beta)+(\mu+n)b-\mu b\beta$。如果 $1-b+b\beta<0$，C 在 $n_1=n$ 时取得最小值；否则，C 在 $n_1=\lceil n/2\rceil$ 时取得最小值。

情形 3　如果 $2\mu<n$，则 $\mu<n_1$ 且 $0\leqslant n_2\leqslant\mu$ 或 $\mu<n_2\leqslant n_1$。当 $\mu<n_1$ 且 $0\leqslant n_2\leqslant\mu$ 时，$C=n_1(1-b+b\beta)+(\mu+n)b-\mu b\beta$。根据情形 2，$n_1=n$ 或 $\lceil n/2\rceil$。当 $\mu<n_2\leqslant n_1$

时，$C = n_1 + 2\mu b + (n - 2\mu)b\beta$。$C$ 在 $n_1 = \lceil n/2 \rceil$ 时取得最小值。

综上所述，如果 $n_1^* = \lceil n/2 \rceil$，则 $n_2^* = \lfloor n/2 \rfloor$，$k^* = 2$。如果 $n_1^* = n$，则 $n_2^* = 0$，$k^* = 1$。证毕。

根据引理 7.4，如果 $b(1-\beta) \leq 1$，则 $k^* = 2$，$n_1^* = \lceil n/2 \rceil$ 和 $n_2^* = \lfloor n/2 \rfloor$。因此，LIST 算法最优，其竞争比的紧下界为 1。下面给出当 $m = 2$，$b(1-\beta) > 1$ 时问题的下界。

定理 7.5　对问题 $P \mid online-list \mid C_{\max} + \sum_{i=1}^{m} R_i$，如果 $m = 2$，$1 \leq b$，$0 < \beta \leq 1$，$b(1-\beta) > 1$，则 $C^*(\sigma^*)$ 的下界为：

$$C^*(\sigma^*) \geq \begin{cases} n/2 + bn, & 1 \leq n \leq \dfrac{\mu b(1-\beta)}{b(1-\beta) - 0.5}; \\[3mm] n + \mu b + (n - \mu)b\beta, & \dfrac{\mu b(1-\beta)}{b(1-\beta) - 0.5} < n \leq 2\mu b(1-\beta); \\[3mm] n/2 + 2\mu b + (n - 2\mu)b\beta, & 2\mu b(1-\beta) < n \end{cases}$$

证明：根据引理 7.4，分为以下三种情形：

情形 1　$1 \leq n \leq \mu$。$C^*(\sigma^*) = \lceil n/2 \rceil + nb \geq n/2 + nb$。

情形 2　$\mu < n \leq 2\mu$。根据引理 7.4 的情形 2，$C^*(\sigma^*) \geq n/2 + nb$，或当 $b(1-\beta) > 1$ 时，$C^*(\sigma^*) = n + \mu b + (n - \mu)b\beta$。令 $n + \mu b + (n - \mu)b\beta \leq n/2 + nb$，可得 $n \geq \dfrac{\mu b(1-\beta)}{b(1-\beta) - 0.5}(b(1-\beta) > 1)$。因此，当 $1 \leq n \leq \dfrac{\mu b(1-\beta)}{b(1-\beta) - 0.5}$ 时，$C^*(\sigma^*) \geq n/2 + nb$。

情形 3　$2\mu < n$。根据引理 7.4 的情形 3，$C^*(\sigma^*) \geq \lceil n/2 \rceil + 2\mu b + (n - 2\mu)b\beta \geq n/2 + 2\mu b + (n - 2\mu)b\beta$，或当 $b(1-\beta) > 1$ 时，$C^*(\sigma^*) = n + \mu b + (n - \mu)b\beta$。令 $n + \mu b + (n - \mu)b\beta \leq n/2 + 2\mu b + (n - 2\mu)b\beta$，可得 $n \leq 2\mu b(1-\beta)$。$\dfrac{\mu b(1-\beta)}{b(1-\beta) - 0.5} < 2\mu b(1-\beta)$，因为 $b(1-\beta) > 1$，所以当 $\dfrac{\mu b(1-\beta)}{b(1-\beta) - 0.5} < n \leq 2\mu b(1-\beta)$ 时，$C^*(\sigma^*) = n + \mu b + (n - \mu)b\beta$；当 $2\mu b(1-\beta) < n$ 时，$C^*(\sigma^*) \geq n/2 + 2\mu b + (n - 2\mu)b\beta$。证毕。

定理 7.6　对问题 $P \mid online-list \mid C_{\max} + \sum_{i=1}^{m} R_i$，如果 $m = 2$，$1 \leq b$，$0 < \beta \leq 1$ 且 $b(1-\beta) > 1$，LIST 算法竞争比的紧下界为 2。

证明：容易得出，当 $k^* = 2$ 且 $C^*(\sigma^*) = \lceil n/2 \rceil + bn$ 或 $C^*(\sigma^*) = \lceil n/2 \rceil +$

$2\mu b+(n-2\mu)b\beta$ 时，$\dfrac{C^{LIST}(I)}{C^*(I)}=1$。所以，当 $k^*=1$ 时，讨论两种情形。根据定理

7.5，当 $k^*=1$ 时，$C^*(\sigma^*)=n+\mu b+(n-\mu)b\beta$，$\dfrac{\mu b(1-\beta)}{b(1-\beta)-0.5}<n\leqslant 2\mu b(1-\beta)$ 且

$b(1-\beta)>1$。如果 $1\leqslant n\leqslant 2\mu$，$C^{LIST}(I)=\lceil n/2\rceil+bn$；否则，$C^{LIST}(I)=\lceil n/2\rceil+2\mu b+$

$(n-2\mu)b\beta$。

情形 1

$$\frac{C^{LIST}(I)}{C^*(I)}=\frac{\lceil n/2\rceil+bn}{n+\mu b+(n-\mu)b\beta}<\frac{n/2+1+bn}{n+\mu b+(n-\mu)b\beta} \tag{7.5}$$

因为当 $\dfrac{\mu b(1-\beta)}{b(1-\beta)-0.5}<n\leqslant 2\mu$ 时，式（7.5）最右侧部分单调递增，则

$$\frac{C^{LIST}(I)}{C^*(I)}\leqslant\frac{\mu+1+2\mu b}{2\mu+\mu b+\mu b\beta}\leqslant\frac{1.5+2b}{2+b+b\beta}\leqslant\frac{1.5+2b}{2+b}\leqslant 2。$$

情形 2

$$\frac{C^{LIST}(I)}{C^*(I)}=\frac{\lceil n/2\rceil+2\mu b+(n-2\mu)b\beta}{n+\mu b+(n-\mu)b\beta}<\frac{n/2+1+2\mu b+(n-2\mu)b\beta}{n+\mu b+(n-\mu)b\beta} \tag{7.6}$$

因为当 $2\mu<n\leqslant 2\mu b(1-\beta)$ 时，式（7.6）最右侧部分单调递减，则

$$\frac{C^{LIST}(I)}{C^*(I)}<\frac{\mu+1+2\mu b}{2\mu+\mu b+\mu b\beta}\leqslant\frac{1.5+2b}{2+b+b\beta}\leqslant\frac{1.5+2b}{2+b}\leqslant 2。$$

下面给出一个使算法界紧的简单例子。$n=4$，$\mu=2$，$\beta\to 0$，$b\to\infty$，则

$$\frac{C^{LIST}(I)}{C^*(I)}=\frac{2+4b}{4+2b}\to 2。\text{证毕。}$$

二、可租赁的机器数量大于 2 的情形

如果 $1\leqslant b$，$0<\beta\leqslant 1$ 且 $m\geqslant 3$，假设机器 M_l 的完工时间 n_l 最大，机器 M_s 的完工时间 n_s 最小。类似于引理 7.1 和定理 7.1，如果 $n_l\leqslant\mu$，则 $C^*(\sigma^*)=\lceil n/k^*\rceil+bn>bn$；如果 $n_s\geqslant\mu$，则 $C^*(\sigma^*)=\lceil n/k^*\rceil+k^*\mu b+(n-k\mu)b\beta\geqslant 2\sqrt{n\mu b(1-\beta)}+nb\beta$。如果 $n_s<\mu$ 且 $n_l>\mu$，类似于引理 7.1 的情形 2，在步骤 3 之后，更新 k、n_s 和 n_l，可得 $n_1=n_2=\cdots=n_{k-1}=n_l=(n-n_s)/(k-1)$ 且 $n_k=n_l$，因此 $(n-n_s)\bmod(k-1)=0$。讨论以下两种情形。

情形 1　$1>(k-1)b(1-\beta)$。

如果 $n_s+k-1\leq\mu$，分别将机器 M_1，M_2，$\cdots$，M_{k-1} 上的最后一个工件移到机器 M_k 上，$C_{\max}$ 减小 1 大于租赁成本增加的 $(k-1)b(1-\beta)$。更新 n_s 和 n_l。重复该步骤，直到 $n_s+k-1>\mu$ 或 $n_l\leq\mu$。当 $n_l\leq\mu$，$C^*(\sigma^*)>bn$。当 $n_s+k-1>\mu$，如果 $1>(\mu-n_s)b(1-\beta)$，实施 EA 策略将得到更好的结果；否则，n_s 是 x 满足 $(n-x)\bmod(k-1)=0$，$x<n/k$ 和 $x<\mu$ 的最大整数。

情形 2　$1\leq(k-1)b(1-\beta)$。

$n_s\geq k-1$。①将机器 M_k 上 $k-1$ 个工件平均分配到机器 M_1，M_2，$\cdots$，M_{k-1} 上，目标值将减少 $(k-1)b(1-\beta)-1$。更新 n_s 和 n_l。重复该步骤，直到 $n_s<k-1$。②如果 $1\leq n_s b(1-\beta)$，将机器 M_k 上 n_s 个工件平均分配到机器 M_1，M_2，$\cdots$，M_{k-1} 上，目标值将减少 $n_s b(1-\beta)-1$；否则，n_s 是 x 满足 $(n-x)\bmod(k-1)=0$，$x<n/k$ 和 $x<\mu$ 的最大整数。

$n_s<k-1$。执行与情形 2 中②相同的操作。

总之，$C^*(\sigma^*)=\lceil n/m\rceil+bn>bn$ 或 $C^*(\sigma^*)=\lceil n/k'\rceil+\mu k'b+(n-\mu k')b\beta\geq 2\sqrt{n\mu b(1-\beta)}+nb\beta$ 或 $C^*(\sigma^*)=(n-n_s)/(k-1)+[\mu(k-1)+n_s]b+[n-\mu(k-1)-n_s]b\beta=(n-n_s)/(k-1)+(k-1)\mu b(1-\beta)+nb\beta+n_s b(1-\beta)\geq 2\sqrt{(n-n_l)\mu b(1-\beta)}+nb\beta+n_s b(1-\beta)$，其中，$n_s$ 与 k 有关。考虑该问题的一个特例，即 $b\geq 2$，$0<\beta\leq 0.5$ 且 $m\geq 3$。在该特例中，$1\leq(k-1)b(1-\beta)$ 且 $1\leq n_s b(1-\beta)$。根据情形 2 中的②，实施 EA 策略会产生更好的结果。类似于定理 7.1 的证明，可得 $C^*(\sigma^*)$ 的下界。

定理 7.7　对问题 $P\mid online-list\mid C_{\max}+\sum_{i=1}^{m}R_i$，如果 $m\geq 3$，$b\geq 2$，$0<\beta\leq 0.5$，$C^*(\sigma^*)$ 的下界如下：

$$C^*(\sigma^*)\begin{cases} >bn, & 1\leq n\leq\max\{\mu,\ 4\mu/[b(1-\beta)]\} \\ \geq 2\sqrt{n\mu b(1-\beta)}+nb\beta, & \max\{\mu,\ 4\mu/[b(1-\beta)]\}<n\leq bm^2\mu(1-\beta) \\ =\lceil n/m\rceil+b\mu m+(n-\mu m)b\beta, & bm^2\mu(1-\beta)<n \end{cases}$$

如果租赁折扣 $0<\beta\leq 0.5$，修正算法 LS-RD，定义为算法 MLS-RD。算法 LS-RD 和 MLS-RD 主要有两点不同。在 LS-RD 的情形 1 中，将 $1\leq j\leq b\mu$ 修改为 $1\leq j\leq 2b\mu(1-\beta)$。在其他情形中，用 $1-\beta$ 代替 0.5。进而，可获得算法 MLS-RD 在不同工件数量下的目标值。

观察 7.2 ① $1 \leq j \leq 2b\mu(1-\beta)$。如果 $1 \leq j \leq \mu$，则 $C^{MLS} = j + bj$；如果 $\mu < j \leq 2b\mu(1-\beta)$，则 $C^{MLS} = j + b\mu + (j-\mu)b\beta$。

② $b\mu k(k-1)(1-\beta) < j \leq b\mu k^2(1-\beta)$（$2 \leq k \leq m$）。如果 $b\mu k(k-1)(1-\beta) < j \leq b\mu k(k-1)(1-\beta) + \mu$，则 $C^{MLS} = b\mu k(1-\beta) + [j-(k-1)(b\mu k(1-\beta)-\mu)]b + (k-1)[b\mu k(1-\beta)-\mu]b\beta = jb + b\mu(1-\beta)(2k-1) - (k^2-k)b^2(1-\beta)^2\mu$；如果 $b\mu k(k-1)(1-\beta) + \mu < j \leq b\mu k^2(1-\beta)$，则 $C^{MLS} = b\mu k(1-\beta) + b\mu k + (j-k\mu)b\beta = 2b\mu k(1-\beta) + jb\beta$。

③ $b\mu k^2(1-\beta) < j \leq b\mu k(k+1)(1-\beta)$（$2 \leq k \leq m-1$）；$C^{MLS} = \lceil j/k \rceil + b\mu k + (j-k\mu)b\beta < j/k + 1 + b\mu k(1-\beta) + jb\beta$。

④ $b\mu m^2(1-\beta) < j$。$C^{MLS} = \lceil j/m \rceil + b\mu m + (j-m\mu)b\beta$。

类似定理 7.3 的证明，可得以下定理。

定理 7.8 对问题 $P \mid online\text{-}list \mid C_{\max} + \sum_{i=1}^{m} R_i$，如果 $b \geq 2$，$0 < \beta \leq 0.5$ 且 $m \geq 3$，算法 MLS-RD 的竞争比为 $3/2$，此算法的界是紧的。

证明：根据定理 7.7 和观察 7.2，讨论以下六种情形。

情形 1 $1 \leq n \leq \mu$。

$$\rho_1 = \frac{C^{MLS}(I)}{C^*(I)} < \frac{n+bn}{bn} \leq \frac{3}{2}$$

情形 2 $\mu < n \leq 2b\mu(1-\beta)$。如果 $b(1-\beta) \leq \sqrt{2}$，即 $2b\mu(1-\beta) \leq 4\mu/[b(1-\beta)]$，则

$$\rho_2 = \frac{C^{MLS}(I)}{C^*(I)} < \frac{n+b\mu+(n-\mu)b\beta}{bn} < \frac{\mu+b\mu}{b\mu} \leq \frac{3}{2}$$

如果 $b(1-\beta) > \sqrt{2}$，即 $2b\mu(1-\beta) > 4\mu/[b(1-\beta)]$，则

$$\rho_3 = \frac{C^{MLS}(I)}{C^*(I)} < \frac{n+b\mu+(n-\mu)b\beta}{2\sqrt{n\mu b(1-\beta)} + nb\beta} \tag{7.7}$$

由于式 (7.7) 最右侧部分在 $n \in (\mu, b\mu(1-\beta))$ 时单调递减，在 $n \in [b\mu(1-\beta), 2b\mu(1-\beta)]$ 时单调递增，因此其在 $2b\mu(1-\beta)$ 处取得最大值。因此，

$$\rho_3 = \frac{C^{MLS}(I)}{C^*(I)} \leq \frac{2b\mu(1-\beta)+b\mu+[2b\mu(1-\beta)-\mu]b\beta}{2\sqrt{2b^2\mu^2(1-\beta)^2} + 2b^2\mu\beta(1-\beta)} = \frac{3+2b\beta}{2\sqrt{2}+2b\beta} < \frac{11}{10}$$

情形 3 $b\mu k(k-1)(1-\beta) < n \leq b\mu k(k-1)(1-\beta) + \mu$。如果 $4\mu/[b(1-\beta)] > b\mu k(k-1)(1-\beta)$，则

$$\rho_4 = \frac{C^{MLS}(I)}{C^*(I)} < \frac{bn + b\mu(1-\beta)(2k-1) - (k^2-k)b^2(1-\beta)^2\mu}{bn}$$

$$< 1 + \frac{2k-1 - (k^2-k)b(1-\beta)}{bk(k-1)} \le \frac{3}{2b} + \beta \le \frac{5}{4}$$

其中第二个不等式成立是因为 $n > b\mu k(k-1)(1-\beta)$。

如果 $4\mu/[b(1-\beta)] > b\mu k(k-1)(1-\beta) + \mu$，则

$$\rho_5 = \frac{C^{MLS}(I)}{C^*(I)} \le \frac{bn + b\mu(1-\beta)(2k-1) - (k^2-k)b^2(1-\beta)^2\mu}{2\sqrt{n\mu b(1-\beta)} + nb\beta}$$

$$< \frac{bn(1-\beta) + b\mu(1-\beta)(2k-1) - (k^2-k)b^2(1-\beta)^2\mu}{2\sqrt{n\mu b(1-\beta)}}$$

$$\le \frac{kb(1-\beta)}{\sqrt{b^2k(k-1)(1-\beta)^2 + (1-\beta)b}} \le \frac{k}{\sqrt{k(k-1)}} \le \sqrt{2}$$

其中第三个不等式成立是因为 $n \le b\mu k(k-1)(1-\beta) + \mu$。

情形 4 $b\mu k(k-1)(1-\beta) + \mu < n \le b\mu k^2(1-\beta)$。如果 $4\mu/[b(1-\beta)] > b\mu k(k-1)$ $(1-\beta) + \mu$，则

$$\rho_6 = \frac{C^{MLS}(I)}{C^*(I)} < \frac{2b\mu k(1-\beta) + nb\beta}{bn} < \beta + \frac{2\mu k(1-\beta)}{b\mu k(k-1)(1-\beta) + \mu}$$

$$\le \beta + \frac{2k(1-\beta)}{2k(k-1)(1-\beta) + 1} \le \beta + \frac{4(1-\beta)}{4(1-\beta) + 1} \le \frac{7}{6}$$

如果 $4\mu/[b(1-\beta)] \le b\mu k(k-1)(1-\beta) + \mu$，则

$$\rho_7 = \frac{C^{MLS}(I)}{C^*(I)} \le \frac{2b\mu k(1-\beta) + nb\beta}{2\sqrt{nb\mu(1-\beta)} + nb\beta} < \frac{bk(1-\beta)}{\sqrt{b^2k(k-1)(1-\beta)^2 + (1-\beta)b}} \le \sqrt{2}$$

情形 5 $b\mu k^2(1-\beta) < n \le b\mu k(k+1)(1-\beta)$。

$$\rho_8 = \frac{C^{MLS}(I)}{C^*(I)} < \frac{n/k + 1 + b\mu k(1-\beta) + nb\beta}{2\sqrt{nub(1-\beta)} + nb\beta} < \frac{n/k + 1 + b\mu k(1-\beta)}{2\sqrt{nub(1-\beta)}}$$

$$\le \frac{b\mu(k+1)(1-\beta) + 1 + b\mu k(1-\beta)}{2\sqrt{u^2b^2k(k+1)(1-\beta)^2}} \le \frac{2k(1-\beta) + (1-\beta) + 1/4}{2(1-\beta)\sqrt{k(k+1)}}$$

$$\le \frac{4k+3}{4\sqrt{k(k+1)}} < \frac{11}{9}$$

第三个不等式成立是因为 $\dfrac{n/k + 1 + b\mu k(1-\beta)}{2\sqrt{nub(1-\beta)}}$ 在 $n \in (b\mu k^2(1-\beta), \ k + b\mu k^2(1-$

β))时单调递减，在 $n \in [k+b\mu k^2(1-\beta)$，$b\mu k(k+1)(1-\beta)]$ 时单调递增，因此在 $b\mu k(k+1)(1-\beta)$ 处取得最大值。

情形 6 $b\mu m^2(1-\beta)<n$；$\rho_9 = \dfrac{C^{MLS}(I)}{C^*(I)} = 1$。

使算法界紧的例子与定理 7.3 相同，其中 $\beta = 0.5$。证毕。

如果 $1 \leqslant b$ 且 $\beta > 0.5$ 或 $1 \leqslant b < 2$ 且 $0 < \beta \leqslant 0.5$，给出了证明离线最优解的思路。首先，我们获得了最优解的三个表达式，$C_1^*(\sigma^*) = \lceil n/m \rceil + bn$、$C_2^*(\sigma^*) = \lceil n/k' \rceil + \mu k'b + (n-\mu k')b\beta$、$C_3^*(\sigma^*) = (n-n_s)/(k-1) + (k-1)\mu b(1-\beta) + bn\beta + n_s b(1-\beta)$，其中 $(n-n_s)\bmod(k-1) = 0$，$n_s < n/k$ 且 $n_s < \mu$。可以通过以下步骤获得离线最优解：

步骤 1：迭代 $k'(1 \leqslant k' \leqslant m)$，找到最小值 $C_2^*(\sigma^*)$ 以及对应的 k'。

步骤 2：迭代 $k(1 \leqslant k \leqslant m)$ 和 $n_s((n-n_s)\bmod(k-1) = 0$，$1 \leqslant n_s < n/k$，$n_s < \mu)$，找到最小值 $C_3^*(\sigma^*)$ 以及对应的 k 和 n_s。

步骤 3：$C^*(\sigma^*) = \min\{C_1^*(\sigma^*)，C_2^*(\sigma^*)，C_3^*(\sigma^*)\}$。

三、管理启示

研究考虑共享机器租赁折扣的在线调度问题的初衷是辅助制造商安排工件，以降低租赁成本和工件的完工时间。通过对问题的描述、离线最优解的分析以及在线策略的设计与分析，根据不同的租赁折扣系数，为制造商管理者提供以下管理启示以供参考：

对于租赁折扣系数等于 0.5 的情形。当单位可变租赁成本较小时，即租赁较便宜时（如单位可变租赁成本小于 2），制造商可以租赁尽可能多的机器来处理作业，并在所有租赁机器上平均分配作业，即实施 LIST 策略。当单位时间租赁成本较大时，制造商可以首先利用租赁折扣来降低成本，然后租用一台新机器以缩短完工时间，即实施 LS-RD 算法分配工件。

对于一般情形下的租赁折扣系数，当可供租赁的机器数量较少（如等于 2）时，制造商可以使用 LIST 算法分配工件。当租赁折扣系数小于等于 0.5 且可供租赁的机器数量较多（如大于等于 3）时，制造商可以采用算法 MLS-RD 分配工件。

以上结论为制造商租赁机器和利用租赁折扣提供了有意义的参考，也为在线调度管理中合理解决机器租赁的其他问题提供了一些思路。

本章小结

  本章研究了考虑机器单位可变租赁成本及其折扣的同型机 Over-list 调度问题，目标是最小化完工时间和租赁成本之和。假设租赁折扣系数 $\beta = 0.5$，为解决该问题，首先求解离线模型，并给出了离线最优解的下界。其次，当单位租赁成本 $b \geqslant 2$ 时，提出了一种在线租赁和调度算法 LS-RD，并证明了其紧竞争比为 3/2；当 $1 \leqslant b < 2$ 时，证明 LIST 策略竞争比为 2。对于一般情形的租赁折扣系数 $0 < \beta \leqslant 1$，当 $m = 2$ 且 $b(1-\beta) > 1$ 时，给出了最优解的下界，并证明了 LIST 算法竞争比的紧下界为 2；当 $0 < \beta \leqslant 0.5$ 且 $m \geqslant 3$ 时，给出了最优解的下界，并证明了 MLS-RD 算法竞争比的紧下界为 3/2。最后，根据不同的折扣系数为制造商决策者提供了一些管理意见参考。

第八章 结论与展望

第一节 研究结论

发展共享制造，有利于提高资源利用效率、优化资源配置、降低生产成本、提升企业竞争力。我国共享制造在迅速发展的同时，也为企业生产调度与决策工作带来了新的挑战。本书主要探讨制造企业可以租赁共享机器的调度优化问题，对共享机器离线和在线调度问题展开研究，建立相应的模型，分析问题性质，设计离线和在线算法，证明算法的有效性。本书的主要内容可归纳为以下五点：

（1）研究了考虑共享收益、资金时间价值、工件交货期限至截止日期时间窗的同型机离线调度问题。目标函数是最大化总收益终值。首先，建立了非线性规划模型，并将其转化成线性模型。其次，在问题性质分析基础上，提出了启发式算法 MEDF 和遗传算法 GA。通过数值实验验证了 MEDF 算法在求解效率方面表现较好，GA 算法具有较高的计算精度。

（2）探究了考虑机器固定租赁成本、单位可变租赁成本和租赁服务成本的同型机离线调度问题。目标函数是最小化最大完工时间与总租赁成本之和。首先，构建了整数规划模型。其次，分析了问题性质。基于问题性质，提出了启发式算法 NSMD-H。数值实验表明，模型在求解效率方面表现不稳定，尤其对于大规模算例，而所提算法在求解精度和效率方面均表现良好。

（3）探讨了考虑机器固定租赁成本、单位可变租赁成本和单位可变租赁成本折扣的同型机离线调度问题。目标函数是最小化最大完工时间与总租赁成本之和。首先，构建了整数规划模型。其次，根据工件加工时间相同、不等分为两种情形进行分析。对于第一种情形，给出了最优调度的相关性质，设计了精确算法 IPMS-RD-AA；对于第二种情形，分析给出了问题的下界，设计了 IPMS-RD-LPT 算法，证明了算法的近似比为 4/3。最后，通过数值实验检验了两种算法都具有较好的计算精度与计算效率。

（4）分析了考虑机器固定租赁成本与单位可变租赁成本的同型机在线调度问题。在该问题中，制造商拥有两台同型机，目标是最小化工件总完工时间与机器租赁总成本之和。针对工件均为单位长度的情形，构建了 Over-list 在线模型。首先，分析了问题离线最优方案，进而证明了竞争比的下界为 $1 + \dfrac{6a-3\sqrt{12a-3}+1}{18a+(6b+3)\sqrt{12a-3}+6b^2+6b-1}$，其中，$a$ 为固定租赁成本系数，b 为可变租赁成本系数。当 $a=2$ 时，下界为 1；当 $a \to +\infty$，$b/a \to 0^+$ 时，该下界趋于 4/3。其次，设计了在线策略 TS，并证明当 $a=2$ 时，该策略竞争比为 4/3；当 $a \geq 3$ 时，其竞争比为 1.89。

（5）研究了考虑机器单位可变租赁成本和单位可变租赁成本折扣的同型机在线调度问题。假设工件均为单位长度，目标函数是最小化机器最大完工时间与租赁成本之和。主要针对折扣系数 $\beta=0.5$ 的情形进行探究。首先，分析了离线最优方案，并给出了最优解的下界。其次，对于单位可变租赁成本 $b \geq 2$ 的情形，证明了竞争比的下界为 1.093，提出了一种在线租赁和调度算法 LS-RD，证明了其紧竞争比为 3/2；对于 $1 \leq b < 2$ 的情形，证明了在线平均分配 LIST 策略竞争比为 2。针对 β 的一般情形，讨论了可租赁机器数量 $m=2$ 和 $m \geq 3$ 两种情形，分别分析了最优解的下界，证明了当 $m=2$ 时，LIST 策略在 $b(1-\beta) \leq 1$ 和 $b(1-\beta) > 1$ 两种情形下的竞争比分别为 1 和 2；证明了当 $m \geq 3$ 时，改进的 LS-RD 算法即 MLS-RD 算法在 $b \geq 2$ 和 $0 < \beta \leq 0.5$ 的情形下紧竞争比为 3/2。

第二节　未来展望

本书围绕考虑机器租赁的同型机调度问题展开相关研究，提供了相应的离线或在线算法，取得了一些有价值的研究成果，但还有很多工作值得进一步研究，下一步的研究工作主要包括：

（1）本书假设所有机器的加工性能相同，在实际应用中，共享平台可能提供不同加工能力的机器，可进一步考虑工件在不同机型（如同类机、无关机等）的共享机器上加工的生产调度问题。此外，本书第六章假设企业有两台同型机，第七章未考虑企业自有机器，因此，企业拥有更多台平行机的在线调度问题需要开展进一步探究。

（2）由于租赁折扣因素比较贴切实际生产活动特征，因此，对该情形的深入研究具有一定的现实意义和学术价值。本书仅考虑了一种成本折扣方式，而生产实践中存在各种优惠折扣方案，研究不同折扣或多种折扣情形下的共享机器租赁与调度决策将作为下一步研究工作的重点。

（3）为简化起见，本书第六、第七章仅研究了工件为单位加工长度的简单基础问题，而实践中不同加工长度的工件更为常见，因此在模型中引入更一般的工件加工时间长度可提高模型的普适性，考虑更加贴合实际的生产调度情形，具有重要的理论指导价值，同时也具有更高的挑战性。

（4）本书主要考虑了在共享平台上租赁单资源（机器）的生产调度问题，考虑租赁多资源（如工具、人员等）的生产调度决策值得进一步研究，由于情况更加复杂，对模型构建和算法设计要求会更高。此外，探究其他目标函数，如带工期的调度问题（最大延迟时间、延误时间、误工工件数等），或多目标函数是下一步的研究方向之一。

参考文献

[1] Ahmadizar F, Amiri Z. Outsourcing and scheduling for a two-machine flow shop with release times [J]. Engineering Optimization, 2018, 50 (3): 483-498.

[2] Akaria I, Epstein L. An optimal online algorithm for scheduling with general machine cost functions [J]. Journal of Scheduling, 2020, 23 (2): 155-162.

[3] Alikar N, Mousavi S M, Ghazilla R A R, et al. A bi-objective multi-period series-parallel inventory-redundancy allocation problem with time value of money and inflation considerations [J]. Computers & Industrial Engineering, 2017, 104: 51-67.

[4] Andersson B, Easwaran A. Provably good multiprocessor scheduling with resource sharing [J]. Real-Time Systems, 2010, 46 (2): 153-159.

[5] Archimede B, Letouzey A, Memon M A, et al. Towards a distributed multi-agent framework for shared resources scheduling [J]. Journal of Intelligent Manufacturing, 2014, 25 (5): 1077-1087.

[6] Argoneto P, Renna P. Supporting capacity sharing in the cloud manufacturing environment based on game theory and fuzzy logic [J]. Enterprise Information Systems, 2016, 10 (2): 193-210.

[7] Bartal Y, Leonardi S, Marchetti-Spaccamela A, et al. Multiprocessor scheduling with rejection [J]. SIAM Journal on Discrete Mathematics, 2000, 13 (1): 64-78.

[8] Becker T, Stern H. Impact of resource sharing in manufacturing on logistical key figures [C]. 48th CIRP International Conference on Manufacturing Systems, 2016.

[9] Brandt E. A vision for shared manufacturing [J]. Mechanical Engineering, 1990, 112 (12): 52-55.

[10] Chen J F, Chu C B, Sahli A, et al. A branch-and-price algorithm for unrelated parallel machine scheduling with machine usage casts [J]. European Journal of Operational Research, 2024, 316 (3): 856-872.

[11] Chen W D, Wei L, Li Y G. Fuzzy multicycle manufacturing / remanufacturing production decisions considering infiation and the time value of money [J]. Journal of Cleaner Production, 2018, 198: 1494-1502.

[12] Cheng Y S, Sun S J. Scheduling linear deteriorating jobs with rejection on a single machine [J]. European Journal of Operational Research, 2009, 194 (1): 18-27.

[13] Choi B C, Chung J. Two-machine flow shop scheduling problem with an outsourcing option [J]. European Journal of Operational Research, 2011, 213: 66-72.

[14] Choi B C, Chung K. Min-Max regret version of a scheduling problem with outsourcing decisions under processing time uncertainty [J]. European Journal of Operational Research, 2016: 367-375.

[15] Csirik J, Dosa G, Koszo D. Online scheduling with machine cost and a quadratic objective function [C]. 46th International Conference on Current Trends in Theory and Practice of Informatics, 2020.

[16] César de Prada C, Mazaeda R, Cristea S P. Receding horizon scheduling of processes with shared resources [J]. Computers and Chemical Engineering, 2019, 125: 1-12.

[17] Dai B F, Li W D. Vector scheduling with rejection on two machines [J]. International Journal of Computer Mathematics, 2020, 97 (12): 2507-2515.

[18] Dereniowski D, Kubiak W. Shared multi-processor scheduling [J]. European Journal of Operational Research, 2017, 261 (2): 503-514.

[19] Dereniowski D, Kubiak W. Shared processor scheduling of multiprocessor jobs [J]. European Journal of Operational Research, 2020, 282 (2): 464-477.

[20] Du B G, Guo S S, Li Y B, et al. Order-oriented manufacturing resource services sharing of building material and equipment enterprise in cloud manufacturing [J]. Advanced Materials Research, 2013, 823: 565-571.

[21] Dósa G, He Y. Better online algorithms for scheduling with machine cost

［J］. SIAM Journal on Computing, 2004, 33: 1035-1051.

［22］ Dósa G, He Y. Scheduling with machine cost and rejection ［J］. Journal of Combinatorial Optimization, 2006, 12（4）: 337-350.

［23］ Dósa G, Imreh C. The generalization of scheduling with machine cost ［J］. Theoretical Computer Science, 2013, 510: 102-110.

［24］ Dósa G, Tan Z. New upper and lower bounds for online scheduling with machine cost ［J］. Discrete Optimization, 2010, 7（3）: 125-135.

［25］ Engels D W, Karger D R, Kolliopoulos S G, et al. Techniques for scheduling with rejection ［J］. Journal of Algorithms, 2003, 49（1）: 175-191.

［26］ Epstein L, Noga J, Woeginger G J. On-line scheduling of unit time jobs with rejection: Minimizing the total completion time ［J］. Operations Research Letters, 2002, 30: 415-420.

［27］ Fang K, Wang S J, Pinedo M L, et al. A combinatorial benders decomposition algorithm for parallel machine scheduling with working-time restrictions ［J］. European Journal of Operational Research, 2021, 291: 128-146.

［28］ Feng X, Xu Y F, Ni G Q, et al. Online leasing problem with price fluctuations under the consumer price index ［J］. Journal of Combinatorial Optimization, 2018, 36（2）: 493-507.

［29］ Fu Y P, Li H B, Huang M, et al. Bi-objective modeling and optimization for stochastic two-stage open shop scheduling problems in the sharing economy ［J］. IEEE Transactions on Engineering Management, 2023, 70（10）: 3395-3409.

［30］ Gong D C, Kang J L, Lin G C, et al. On an IC wire bonding machine production-inventory problem with time value of money ［J］. International Journal of Production Research, 2017, 55（9）: 2431-2453.

［31］ Graham R L, Lawler E L, Lenstra J K, et al. Optimization and approximation in deterministic sequencing and scheduling: A survey ［J］. Annals of Discrete Mathematics, 1979, 5（1）: 287-326.

［32］ Graham R L. Bounds on multiprocessing time anomalies ［J］. SIAM Journal on Applied Mathematics, 1969, 17（2）: 416-429.

［33］ Hadera H, Harjunkoski I, Grossmann I E, et al. Steel production scheduling optimization under time－sensitive electricity costs ［M］. Elsevier: Computer Aided Chemical Engineering, 2014.

［34］ Hadera H, Harjunkoski I, Sand G, et al. Optimization of steel production scheduling with complex time－sensitive electricity cost ［J］. Computers & Chemical Engineering, 2015, 76: 117–136.

［35］ Hoogeveen H, Skutella M, Woeginger G J. Preemptive scheduling with rejection ［J］. Mathematical Programming, 2003, 94: 361–374.

［36］ Hu J L, Jiang Y W, Zhou P, et al. Total completion time minimization in online hierarchical scheduling of unit–size jobs ［J］. Journal of Combinatorial Optimization, 2017, 33 (3): 866–881.

［37］ Imreh C, Noga J. Scheduling with machine cost: RANDOM－APPROX 99 Conf, Lecture Notes in Computer Science ［C］. Springer, 1999.

［38］ Imreh C. Online scheduling with general machine cost functions ［J］. Discrete Applied Mathematics, 2009, 157 (9): 2070–2077.

［39］ Irani S A, Khator S K. Capacity utilization and machine sharing in a group technology based manufacturing system ［J］. Computer & Industrial Engineering, 1986, 11 (1–4): 73–77.

［40］ Ji M, Ye X N, Qian F Y, et al. Parallel－machine scheduling in shared manufacturing ［J］. Journal of Industrial and Management Optimization, 2022, 18 (1): 681–691.

［41］ Jiang P Y, Li P L. Shared factory: A new production node for social manufacturing in the context of sharing economy ［J］. Proceedings of the Institution of Mechanical Engineers Part B－Journal of Engineering Manufacture, 2020, 234 (1–2): 285–294.

［42］ Jiang Y W, Hu J L, Liu L C, et al. Competitive ratios for preemptive and non－preemptive online scheduling with nondecreasing concave machine cost ［J］. Information Sciences, 2014, 269: 128–141.

［43］ Jiang Y, He Z. Preemptive online algorithms for scheduling with machine cost [J]. Acta Informatica, 2005, 41 (6): 315-340.

[44] Kaplan S, Rabadi G. Exact and heuristic algorithms for the aerial refueling parallel machine scheduling problem with due date-to-deadline window and ready times [J]. Computers & Industrial Engineering, 2012, 62 (1): 276-285.

[45] Karp R M. Online algorithms versus offline algorithms: How much is it worth to know the future? The IFIP 12th World Computer Congress [C]. Madrid, Spain, 1992.

[46] Kurdi H, Aloboud E, Alhassan S, et al. An algorithm for handling starvation and resource rejection in public clouds: Proceedings of the 9th International Conference on Future Networks and Communications [C]. Niagara Falls, Canada, 2014.

[47] Lawler E L. A pseudopolynomial algorithm for sequencing jobs to minimize total tardiness [J]. Annals of Discrete Mathematics, 1977, 8 (1): 331-342.

[48] Lee I S, Sung C S. Minimizing due date related measures for a single machine scheduling problem with outsourcing allowed [J]. European Journal of Operational Research, 2008a, 186: 931-952.

[49] Lee I S, Sung C S. Single machine scheduling with outsourcing allowed [J]. International Journal of Production Economics, 2008b, 111: 623-634.

[50] Lee K, Leung J, Jia Z H, et al. Fast approximation algorithms for bi-criteria scheduling with machine assignment costs [J]. European Journal of Operational Research, 2014, 238 (1): 54-64.

[51] Lenstra J K, Rinnooy K A, Brucker P. Complexity of machine scheduling problems [J]. Annals of Discrete Mathematics, 1977, 1 (4): 343-362.

[52] Leung J Y, Lee K, Pinedo M L. Bi-criteria scheduling with machine assignment costs [J]. International Journal of Production Economics, 2012, 139: 321-329.

[53] Li K, Xiao W, Yang S L. Minimizing total tardiness on two uniform parallel machines considering a cost constraint [J]. Expert Systems with Applications, 2019, 123: 143-153.

[54] Li K, Zhang H J, Cheng B Y, et al. Uniform parallel machine scheduling problems with fixed machine cost [J]. Optimization Letters, 2018, 12: 73-86.

［55］Li K, Zhang X, Leung J, et al. Parallel machine scheduling problems in green manufacturing industry ［J］. Journal of Manufacturing Systems, 2016, 38: 98-106.

［56］Li K, Zhou T, Liu B H, et al. A multi-agent system for sharing distributed manufacturing resources ［J］. Expert Systems with Applications, 2018, 99: 32-43.

［57］Li W H, Zhai W N, Chai X. Online bi-criteria scheduling on batch machines with machine costs ［J］. Mathematics, 2019, 7 (10): 960.

［58］Liu N, Li X P, Shen W M. Multi-granularity resource virtualization and sharing strategies in cloud manufacturing ［J］. Journal of Network and Computer Applications, 2014, 46: 72-82.

［59］Liu P, Liu C Y, Wei X L. Optimal allocation of shared manufacturing resources based on bilevel programming ［J］. Discrete Dynamics in Nature and Society, 2021 (1) .

［60］Liu Y K, Zhang L, Tao F, et al. Resource service sharing in cloud manufacturing based on the Gale-Shapley algorithm: Advantages and challenge ［J］. International Journal of Computer Integrated Manufacturing, 2017, 30 (4-5): 420-432.

［61］Lu L F, Cheng T C E, Yuan J J, et al. Bounded single-machine parallel-batch scheduling with release dates and rejection ［J］. Computers and Operations Research, 2009, 36: 2748-2751.

［62］Lu L F, Ng C T, Zhang L Q. Optimal algorithms for single-machine scheduling with rejection to minimize the makespan ［J］. International Journal of Production Economics, 2011, 130: 153-158.

［63］Lu L F, Zhang L Q, Ou J W. In-house production and outsourcing under different discount schemes on the total outsourcing cost ［J］. Annals of Operations Research, 2021, 298 (1): 361-374.

［64］Lu L F, Zhang L Q, Zhang J, et al. Single machine scheduling with outsourcing under different fill rates or quantity discount rates ［J］. Asia-Pacific Journal of Operational Research, 2020, 37 (1) .

［65］M'Hallah R, Al-Khamis T. A Benders decomposition approach to the weighted number of tardy jobs scheduling problem on unrelated parallel machines with production costs [J]. International Journal of Production Research, 2015, 53 (19-20): 1-11.

[66] Ma R, Guo S N, Miao C X. A semi-online algorithm and its competitive analysis for parallel-machine scheduling problem with rejection [J]. Applied Mathematics and Computation, 2021: 392.

[67] Ma R, Guo S N. Applying "Peeling Onion" approach for competitive analysis in online scheduling with rejection [J]. European Journal of Operational Research, 2021, 290: 57-67.

[68] Ma R, Yuan J J. Online scheduling on a single machine with rejection under an agreeable condition to minimize the total completion time plus the total rejection cost [J]. Information Processing Letters, 2013, 113: 593-598.

[69] Ma R, Yuan J J. Online scheduling to minimize the total weighted completion time plus the rejection cost [J]. Journal of Combinatorial Optimization, 2017, 34 (2): 483-503.

[70] McNaughton R. Scheduling with deadlines and loss functions [J]. Management Science, 1959 (6): 1-12.

[71] Mokhtari H, Nakhai I, Abadi K. Scheduling with an outsourcing option on both manufacturer and subcontractors [J]. Computers & Operations Research, 2013, 40 (5): 1234-1242.

[72] Moon J Y, Park J. Smart production scheduling with time-dependent and machine-dependent electricity cost by considering distributed energy resources and energy storage [J]. International Journal of Production Research, 2014, 52 (13): 3922-3939.

[73] Moon J Y, Shin K, Park J. Optimization of production scheduling with time-dependent and machine-dependent electricity cost for industrial energy efficiency [J]. The International Journal of Advanced Manufacturing Technology, 2013, 68 (1): 523-535.

[74] Mäcker A, Malatyali M, Friedhelm M A D H, et al. Cost-efficient sche-

duling on machines from the cloud [J]. Journal of Combinatorial Optimization, 2018, 36: 1168–1194.

[75] Nagy-György J, Imreh C. On-line scheduling with machine cost and rejection [J]. Discrete Applied Mathematics, 2007, 155 (18): 2546–2554.

[76] Nguyen T T, Rothe J. Improved bi-criteria approximation schemes for load balancing on unrelated machines with cost constraints [J]. Theoretical Computer Science, 2021, 858 (10): 35–48.

[77] Niaki M K, Nonino F, Komijan A R, et al. Food production in batch manufacturing systems with multiple shared-common resources: A scheduling model and its application in the yoghurt industry [J]. International Journal of Services and Operations Management, 2017, 27 (3): 345–365.

[78] Oğuz C, Salman F S, Yalçin Z B. Order acceptance and scheduling decisions in make-to-order systems [J]. International Journal of Production Economics, 2010 (9): 1–20.

[79] Park M J, Choi B C. A single-machine scheduling problem with uncertainty in processing times and outsourcing costs [J]. Mathematical Problems in Engineering, 2017.

[80] Ren R T, Zhu Y Q, Li C Y, et al. Interval job scheduling with machine launch cost [J]. IEEE Transactions on Parallel and Distributed Systems, 2020, 31 (12): 2776–2788.

[81] Rožman N, Diaci J, Corn M. Scalable framework for blockchain-based shared manufacturing [J]. Robotics and Computer-Integrated Manufacturing, 2021 (71).

[82] Ruiz-Torres A J, López F J, Wojciechowski P J, et al. Parallel machine scheduling problems considering regular measures of performance and machine cost [J]. Journal of the Operational Research Society, 2010, 61 (5): 849–857.

[83] Rustogi K, Strusevich V A. Parallel machine scheduling: Impact of adding extra machines [J]. Operations Research, 2013, 61 (5): 243–257.

[84] Seiden S S. Preemptive multiprocessor scheduling with rejection [J]. Theo-

retical Computer Science, 2001, 262: 437-458.

[85] Shabtay D, Gaspar N, Kaspi M. A survey on offline scheduling with rejection [J]. Journal of Scheduling, 2013, 16 (1): 3-28.

[86] Slotnick S A. Order acceptance and scheduling: A taxonomy and review [J]. European Journal of Operational Research, 2011, 212 (1): 1-11.

[87] Tang L, Han H, Tan Z, et al. Centralized collaborative production scheduling with evaluation of a practical order-merging strategy [J]. International Journal of Production Research, 2023, 61 (1): 282-301.

[88] Tao F, Zuo Y, Xu L D, et al. IoT-based intelligent perception and access of manufacturing resource toward cloud manufacturing [J]. IEEE Transactions on Industrial Informatics, 2014, 10 (2): 1547-1557.

[89] Wang G, Zhang G, Guo X, et al. Digital twin-driven service model and optimal allocation of manufacturing resources in shared manufacturing [J]. Journal of Manufacturing Systems, 2021, 59: 165-179.

[90] Wang H B, Alidaee B. Unrelated parallel machine selection and job scheduling with the objective of minimizing total workload and machine fixed costs [J]. IEEE Transactions on Automation Science and Engineering, 2018, 15 (4): 1-9.

[91] Wang S J, Cui W L. Approximation algorithms for the min-max regret identical parallel machine scheduling problem with outsourcing and uncertain processing time [J]. International Journal of Production Research, 2021, 59 (15): 4579-4592.

[92] Wang X, Jiang M X, Chen S, et al. A hybrid particle swarm optimization for parallel machine scheduling with shared and multi-mode resources [C]. 9th International Symposium on Computational Intelligence and Design, 2016.

[93] Xu J, Archimede B, Letouzey A. A distributed multi-agent framework for shared resources scheduling [J]. IFAC Proceedings Volumes, 2012, 45 (6): 775-780.

[94] Yin Y, Cheng T C E, Wang D, et al. Improved algorithms for single-machine serial-batch scheduling with rejection to minimize total completion time and total rejection cost [J]. IEEE Transactions on Systems, Man, and Cybernetics: Systems,

2016, 46（11）：1578-1588.

［95］Yu C Y, Xu X, Yu S Q, et al. Shared manufacturing in the sharing economy：Concept, definition and service operations ［J］. Computers & Industrial Engineering, 2020.

［96］Zeng Y Z, Che A, Wu X Q. Bi-objective scheduling on uniform parallel machines considering electricity cost ［J］. Engineering Optimization, 2018, 50（1）：19-36.

［97］Zhang L Q, Lu L F, Yuan J J. Single machine scheduling with release dates and rejection ［J］. European Journal of Operational Research, 2009, 198：975-978.

［98］陈荣军, 唐国春. 单机上的排序与转包问题 ［J］. 应用数学学报, 2017a, 40（2）：170-178.

［99］陈荣军, 唐国春. 具有分包功能的同类机排序 ［J］. 应用数学学报, 2017b, 40（6）：801-808.

［100］陈荣军, 唐国春. 带转包选项的自由作业排序 ［J］. 数学进展, 2017c, 46（2）：313-319.

［101］陈晓丽, 徐维军, 刘幼珠. 考虑复利的三种策略选择在线租赁模型及其竞争分析 ［J］. 系统工程, 2016, 34（7）：118-124.

［102］陈晓丽, 徐维军. 复利下二重在线租赁竞争策略及风险补偿模型 ［J］. 系统工程理论与实践, 2016, 36（9）：2284-2292.

［103］丁黎黎, 徐寅峰. 基于价格可变的占线优惠卡问题及其竞争分析 ［J］. 运筹与管理, 2007, 16（5）：23-28.

［104］高更君, 罗瑶. 不确定环境下再制造生产调度研究 ［J］. 运筹与管理, 2019, 28（11）：185-190.

［105］何家波, 顾新建, 张今. 面向生产能力共享的供需匹配 ［J］. 计算机集成制造系统, 2022, 28（3）：880-891.

［106］胡盛强, 刘晓斌, 王新林. 阿米巴经营模式下面向定制需求的生产线管理机制设计 ［J］. 中国管理科学, 2018, 26（7）：119-131.

［107］蒋忠中, 林群庚, 何娜, 等. 竞合关系下共享制造模式选择与决策优化 ［J］. 控制与决策, 2023, 38（8）：2401-2414.

［108］李辉，谭显春，顾佰和，等．物联网环境下碳配额和减排双重约束的企业资源共享策略［J］．系统工程理论与实践，2018，38（12）：3085-3096.

［109］李凯，肖巍，朱晓曦．基于云平台的共享制造模式定价策略［J］．控制与决策，2022，37（4）：1056-1066.

［110］李凯，徐淑玲，程八一，等．考虑成本限制的最小化最大延迟时间平行机调度问题［J］．系统工程理论与实践，2019a，39（1）：165-173.

［111］李凯，杨阳，刘渤海．考虑成本的最大延迟时间同类机调度问题［J］．运筹与管理，2019b，28（12）：178-184.

［112］林凌，谈之奕．平行机在线排序综述［J］．中国科学：数学，2020，50（9）：1183-1200.

［113］刘乐．单机单转包商调度与外包联合优化问题的改进启发式算法［J］．运筹与管理，2017，26（11）：49-58.

［114］刘乐．可外包条件下最大时间偏离受限的单机重调度［J］．系统工程学报，2019，34（1）：12-28.

［115］刘晓东，陈英武，龙运军，等．同型机在线调度问题研究进展［J］．计算机集成制造系统，2012，18（3）：513-522.

［116］马强．共享经济在我国的发展现状、瓶颈及对策［J］．现代经济探讨，2016（10）：20-24.

［117］闵啸，朱俊蕾，刘静．两台带服务等级的可拒绝同型机排序问题的在线算法［J］．运筹学学报，2018，22（3）：117-124.

［118］齐二石，李天博，刘亮，等．云制造环境下企业制造资源共享的演化博弈分析［J］．运筹与管理，2017，26（2）：25-34.

［119］唐国春．排序论基本概念综述［J］．重庆师范大学学报（自然科学版），2012，29（4）：1-11.

［120］吴琼，王长军．基于拉格朗日松弛的共享产能讨价还价研究［J］．运筹学学报，2022：1-11.

［121］向坤，杨庆育．共享制造的驱动要素、制约因素和推动策略研究［J］．宏观经济研究，2020（11）：65-75.

［122］谢磊，孟庆春，韩红帅．跟单服务与溢短交易驱动下产能分享供应链

均衡策略选择 [J]. 中国管理科学，2022，30（3）：165-175.

[123] 徐维军，董鹏翠，彭子衿. 基于优惠合同的在线租赁策略设计 [J]. 运筹与管理，2019，28（3）：183-190.

[124] 徐维军，刘幼珠，陈晓丽，等. 通胀市场下多设备租赁的在线策略分析 [J]. 中国管理科学，2016，24（2）：69-75.

[125] 许荣斌，刘鑫，程永亮，等. 基于紧急程度的共享异构资源调度策略 [J]. 计算机集成制造系统，2018，24（7）：1706-1713.

[126] 鄢章华，刘蕾. 考虑资金时间价值的销售商预售策略研究 [J]. 管理评论，2018，30（5）：262-272.

[127] 晏鹏宇，杨柳，车阿大. 共享制造平台供需匹配与调度研究综述 [J]. 系统工程理论与实践，2022，42（3）：811-832.

[128] 杨兴雨，张卫国，徐维军，等. 基于绩效比和合同约束的多阶段在线租赁 [J]. 中国管理科学，2014，22（2）：94-100.

[129] 杨兴雨，张卫国，徐维军. 特殊在线优惠卡问题及其竞争分析 [J]. 系统工程理论与实践，2012，32（7）：1421-1428.

[130] 于懿宁，徐哲，刘东宁. 考虑多技能人力资源的分布式多项目调度问题 [J]. 系统工程理论与实践，2020，40（11）：2921-2933.

[131] 张霖，罗永亮，陶飞，等. 制造云构建关键技术研究 [J]. 计算机集成制造系统，2010，16（11）：2510-2520.

[132] 张卫国，张永，徐维军，等. 随机选择设备获得方式的可折旧设备在线租赁 [J]. 管理科学学报，2013，16（4）：1-7.

[133] 张玉忠. 工件可拒绝排序问题综述 [J]. 运筹学学报，2020，24（2）：111-130.

[134] 赵道致，杜其光. 供应链中需求信息更新对制造能力共享的影响 [J]. 系统管理学报，2017，26（2）：374-380.

[135] 赵道致，王忠帅. 云制造平台加工能力分享调度优化研究 [J]. 运筹与管理，2019，28（12）：1-6.

[136] 郑斐峰，靳凯媛，徐寅峰，等. 考虑可拆分订单及加工类型匹配的平行机调度决策 [J]. 运筹与管理，2023，32（3）：1-7.